Die Badehose

... und noch mehr lustige und nachdenkliche Kurzgeschichten

AF191614

Es begann mit diesem Schreibkurs ...

... zu dem ich mich – Mutter von zwei erwachsenen Kindern, geschieden, Sekretärin, die hin und wieder Korrektur für einen kleinen Verlag liest, schon immer gern Geschichten schrieb und einen Roman (**Es soll Männer geben**, Bod) *mit autobiografischen Zügen sowie* **Alfreds Gartenfete** (Bod) *veröffentlichte – als Hobbyautorin angemeldet hatte.*

Erste Aufgabe im Kurs: eine kleine Geschichten über „Träume" schreiben. Ratlose Blicke – über welche Träume sollen wir schreiben? Dann ganz unrealistische Wünsche: wie ein Fisch schwimmen oder ein Vogel fliegen können! Gegenstimmen: „Nö, im Wasser ist es viel zu kalt und da oben in der Luft – bei Regen und Sturm? Bestimmt kein Vergnügen!" Beifälliges Gemurmel.

Dann Stille – jemand kaut ein bisschen auf dem Kugelschreiber herum, leises Pusten, Flüstern, den Kopf erneut gesenkt und weiter geschrieben, während Regentropfen leise an die Fensterscheibe klopfen.

Jetzt knarrt ein Stuhl, eine Tasche rutscht von der Lehne, jemand schnäuzt sich laut, und ich vergesse vor Schreck fast den ersten Satz der Geschichte über meinen Traum von der großen Schriftstellerin, der ganz bestimmt nur ein Traum ist. Und doch könnte ich mich glatt in ihm verlieren – diesem Traum!

Ach, ja – ich spüre meinen entrückten Blick, der den Regentropfen an der Fensterscheibe folgt. Sie entschwinden in kleinen Rinnsalen unten im Rahmen, wie auch mein Traum von der Bestsellerautorin, die sicher gerade auf irgendeiner Schönheitsfarm unter der Sonnenbank liegt – und trotzdem schreibe ich weiter ...

Jutta Jandt

Die Badehose

... und noch mehr lustige und nachdenkliche Kurzgeschichten

2008 Jutta Jandt

Herstellung und Verlag:
Books on Demand GmbH, Norderstedt

Alle Rechte liegen beim Autor

Umschlaggestaltung / Grafik / Seitenlayout:
Jutta Peters, Hannover

ISBN-13: 9783837044829

Bibliographische Information der Deutschen Bibliothek:
Die Deutsche Bibliothek verzeichnet diese Publikation in
der Deutschen Nationalbibliographie; detaillierte bibliographische Daten sind im Internet über http://dnb.ddb.de
abrufbar.

Die Badehose
. . . und noch mehr lustige und nachdenkliche Kurzgeschichten

Fast ein Nichtraucher

Ich werde nicht mehr rauchen – das ist mein fester Entschluss. Allen werd` ich`s zeigen, wie einfach es doch ist, damit aufzuhören. Kein Problem, ich weiß, wie`s geht – hab`s doch schon so oft getan! Und gerade jetzt, wo Uschi „in Kur" ist, könnte ich die Zeit dafür nutzen. Es wird sicher eine Überraschung für sie sein nach ihrer Rückkehr von ihrem Mann – dem Nichtraucher – begrüßt zu werden!

Gleich morgen früh werde ich damit beginnen. Heute ist Rauchen aller noch vorhandenen Zigaretten angesagt – bis zur Übelkeit. Das erleichtert mir sicher den Entschluss. Ab jetzt denke ich an meine Gesundheit, den finanziellen Vorteil und die Aussicht, nur noch alle zehn Jahre tapezieren zu müssen. Von den Gardinen gar nicht zu reden, die Uschi ständig unter großem Gezeter waschen muss!

Ich genehmige mir ein Bier, setze mich gemütlich vor den Fernseher, greife natürlich zu einer Zigarette und suche den passenden Film. Das könnte er schon sein: „Barfuß im Park". Der Film bringt mich dann so sehr zum Schmunzeln, dass ich meinen Zigarettenkonsum erhöhen muss.

Unsere Möbel werden langsam von bläulich-grauen Nebelschwaden eingehüllt. So soll es auch sein, bei meinem guten Vorsatz. Das Fenster bleibt zu! Allmählich ist der Aschenbecher voll. Er bleibt auch voll, damit mir mein verwerfliches Handeln über die vergangenen Jahre hin noch bewusster wird. Wusste gar nicht, dass der so stinkt! Igitt!!! Darauf muss ich glatt noch eine rauchen!

Endlich ist das Zigarettenpäckchen leer. Hatten wir nicht noch die spanischen aus dem Urlaub? Wo sind sie nur? In Panik wühle ich alle Schubladen durch. Da – ich hab` sie! Ein tiefer Lungenzug aus einer verdörrten, Husten auslösenden Zigarette. Schmeckt ja scheußlich! Zum Ende des nächsten Films ist auch diese Packung fast leer! Es gibt in unserem Haushalt glücklicherweise weitere Aschenbecher. Der dritte steht schon bald halbvoll vor mir.

Ich bekomme langsam Kopfschmerzen und werde müde. Eine letzte Zigarette! Doch bevor ich sie in eine Kippe verwandelt habe, betrachte ich sie verächtlich und mache sie aus. Ein Triumphgefühl erfüllt mich, ich erlebe mich als einen Mann der Tat. Nach diesem Meisterstück öffne ich sämtliche Fenster, atme tief die klare Nachtluft ein, reinige die Aschenbecher, verbanne sie an einen dunklen Ort und begebe ich mich schnellstens ins Bett.

Da - ein neuer, wunderbarer Morgen - der erste rauchfreie beginnt - herrlich! Pfeifend gehe ich ins Bad, frühstücke, trinke meinen Kaffee - jetzt eine ... ! Zum Glück fällt mir meine Übelkeit vom gestrigen Abend in diesem schwachen Sekündchen ein - igitt! Nein, diese gierigen Momente sind lange vorbei, sind einfach Vergangenheit.

Am besten entwerfe ich jetzt schon mal vorab einen Plan, wie ich das ersparte Zigarettengeld anlege. Also, das wären im Jahr ... ja, eine schöne Summe ergäbe das. Dafür werde ich mir den neuen Computer inklusive Flachbildmonitor kaufen, der schon lange mein Wunsch ist. Eigentlich muss ich kein Jahr darauf warten, könnte ihn vom ersparten Zigarettengeld monatlich abzahlen, da ich mit Sicherheit weiß, dass es kein Zurück von meinem heroischen Vorsatz gibt.

Flugs fahre ich in die Stadt und betrete ein großes Kaufhaus, wende mich an einen Verkäufer - Raucher - aus seinem Kittel ragt ein Päckchen meiner ehemaligen Lieblingsmarke. Der arme Kerl - hat's auch noch nicht begriffen!

Von ihm lasse ich mir verschiedene Geräte zeigen, mich beraten und nehme die empfohlenen im Auto gleich begeistert mit nach Hause.

Nun steht der neue PC da in meinem Arbeitszimmer, nach einigen Schwierigkeiten endlich angeschlossen - fantastisch!

Mein erster Brief wird fällig, den Cousine Hertha haben soll, die schon viel zu lange auf einen Bericht über die Neubepflanzung meines Schrebergartens wartet. Doch - irgendetwas funktioniert da nicht. Ich lese das Handbuch zum Programm durch: *Sie müssen zuerst ...*, es klappt nicht.

Stecker raus, Neustart – nichts. Noch mal: *Sie müssen ... drücken Sie dann auf ... geben sie dieses oder jenes ein.* Ich gebe dieses und jenes ein, der Rechner reagiert nicht. Verdammt!

Ich rufe einen befreundeten Experten an:

„Du musst noch mal ganz von vorn beginnen Max, und dann das Kabel umstecken", weiß er mir zu raten.

Welches Kabel? Ich sehe nichts anderes, als Kabel. Mein Blutdruck steigt. Wütend stecke ich ein Kaugummi in den Mund und kaue im Eiltempo darauf herum.

Jetzt versuche ich den Kabelsalat zu entwirren und neu zu verbinden. Ah – hier scheint es sich nach langem Hin und Her um ein überflüssiges zu handeln. In meiner Wut greife ich kurzerhand zur Schere. Der Bildschirm begrüßt mich erneut, wie schon gehabt, diesmal allerdings in tiefschwarz. Jetzt ist alles aus! Ich setze mich auf den Boden, raufe mir die Haare, versuche erneut meinen Freund, den Experten, anzurufen.

„Hinterlassen sie eine Nachricht nach dem Piepton ...". Von Freundschaft soll der nun in Zukunft nicht mehr sprechen!

Ich erinnere mich des berühmten Satzes: *In der Ruhe liegt die Kraft.* Eine kleine Weile meditiere ich darüber. Es hilft nichts. Ich habe weder Ruhe noch Kraft.

Was bleibt mir da? Soll ich den Hammer holen oder ... bitte – alle, die ihr mich gern habt – verzeiht mir. Denn ich entscheide mich für „oder"!

Ein Blick zur Uhr – die Geschäfte haben bereits geschlossen, Kleingeld für den Automaten habe ich auch nicht! In tiefer Verzweiflung durchsuche ich die ganze Wohnung.

Sehe im Küchenschrank nach, öffne sämtliche Schubladen, schau unters Bett, in den Papierkorb – es gibt keine Stelle, die ich nicht kontrolliere. Dann die letzte Chance: vielleicht im Koffer, der seit Monaten im Keller steht?

Mit fliegenden Schritten laufe ich durchs Treppenhaus, um dann nach einigen Schwierigkeiten das Schloss der Kellertür mit meinem Taschenmesser aufzubrechen, da ich natürlich den falschen Schlüssel vom Bord genommen hatte.

Doch die Zeit, nochmals nach oben in die Wohnung zu laufen und den richtigen zu holen, bleibt mir nicht – zu groß ist die Gier!

Nun knipse ich das Licht an und sehe ihn – den Koffer – unter Kartons vergraben. Mit zitternden Händen buddele ich den rettenden Reisebegleiter aus und öffne ihn mit leichtem Klick – da – tatsächlich, dort liegt eine leicht vergilbte Packung der so scheußlich schmeckenden Zigaretten-Marke aus dem vorletzten Urlaub!

Hastig öffne ich sie und fingere mir eine Zigarette heraus, zünde sie mit zitternden Händen an. Ein tiefer Zug – wunderbar dieses schreckliche Kraut! Mir geht's gleich viel besser! Nur keinen Gedanken mehr an diese eben vollzogene peinliche Aktion mit dem Kellerschloss – aus lauter Verzweiflung –verschwenden, hat ja zum Glück niemand im Haus verfolgt. Lieber gleich ans Werk und mich erneut am Verkabeln des Computers versuchen. Das mit den Raten kriege ich schon irgendwie hin. Es war eben noch nicht der richtige Zeitpunkt für meinen heldenhaften Entschluss.

Aber ich schwöre dir, Uschi – irgendwann schaffe ich das mit der Überraschung – ganz bestimmt ...

Wieso sieht sie keiner?

Nach langem Spaziergang in klirrender Kälte, vorbei am zugefrorenen See mit Schlittschuh laufenden Kindern, verschneiten Wiesen, langsam auf die Altstadt zugehend, glaubte Ingeborg, dass ihr ein heißes Getränk jetzt sicher gut täte.

In einiger Entfernung sieht sie bereits einen Glühweinstand, hört fröhliche Marschmusik, Stimmengewirr und das Klappern von Geschirr. Nur noch einige Meter vorm Ziel – nun steht sie am Stand, versucht sich durch die Menschentraube durchzudrängeln, um ihre kleine Bestellung aufzugeben. Diese Aktion fordert ein Opfer: Sie tritt einer kleinen, dicken Dame auf den Fuß.

Deren schmerzverzerrtes Gesicht gibt ihr ein schlechtes Gewissen. Doch ehe sie zu einer Entschuldigung ansetzen kann, wendet die kleine Dicke sich ab. Sie scheint Ingeborg nicht wahrzunehmen. Vermutet sicher den Täter in jemand anderem.

So steht sie als Teil dieser Schlange ganz still und geduldig mittendrin, in der Hoffnung, auch bald an der Reihe zu sein. Ab und zu leises Schniefen mangels eines Taschentuchs der Vordermänner. Endlich ist auch sie bis zum Tresen vorgerückt. Doch irgendwie scheint sie hier niemand zu bemerken.

„Rosi, was macht mein Bier?", ruft ein wohlbeleibter Bärtiger mit Tirolerhut. Wo kommt der denn plötzlich her?

Sie lehnt sich unauffällig leicht an ihn, um so ins Blickfeld der Bedienung zu geraten. Dabei sagt sie schnell:

„ ... und für mich bitte einen Glühwein." Kein Blick zu ihr, kein zustimmendes Nicken nur der Kommentar:

„Das Bier kommt gleich, Max." Die scheinen sich zu kennen. Der Griff mit seinem dicken Arm nach dem Bier schiebt Ingeborg gleichzeitig wieder nach hinten.

Da steht sie nun erneut – noch unsichtbarer als vorher – in der Gegend herum.

Ah, da drüben eine erneute Lücke vorm Stand! Schnell eilt sie hinüber. Schnell – nicht schnell genug – schon nimmt diesen Platz eine dürre, hochgewachsene Dame ein. Gegen sie hat sie sicher keine Chance, die Stimme ist schrill und befehlend zugleich.

„Bitte zwei Gläser Weißwein und zwei Brezeln für uns!!", pfeift es laut in ihr Ohr. Sie zuckt zusammen, und schließt sich trotzdem sofort mit dem Wunsch:

„ ... und bitte einen Glühwein, für mich", an.

Doch da hat man sich bereits wieder umgedreht und nimmt die Brezeln für die Dame vom Haken. Wahrscheinlich wird auch der Wein gleich eingeschenkt und Ingeborg erneut übersehen.

Ärgerlich wendet sie sich ab, will erfolglos, wütend weiter frierend den Heimweg antreten – und entdeckt plötzlich ihre Nachbarin, Frau Brieskorn, mitten in der Menge, dicht am Ziel ihrer Wünsche.

Erfreut winkt sie ihr zu und ruft gleichzeitig, sie möge für sie einen Glühwein mitbestellen. Begeistert nickt die zurück. Ingeborg weiß, dass sie dafür ein Opfer bringen muss, denn endlich hat Frau Brieskorn Gelegenheit, ihr vom Neuen der Frau Schödel aus dem Haus zu erzählen und sicher auch, dass Frau Müller die Treppe letzte Woche wieder nicht geputzt hat, vermutet sie. Doch das ist ihr die Sache wert, schon viel zu lange hat sie auf ihren Glühwein gewartet. Es hat eben alles im Leben seinen Preis . . .

Oh, Schreck!

Nun hatte auch ich mich endlich entschlossen, einem Messegast meine „gute Stube" für einige Tage zur Verfügung zu stellen. Konnte ich das Geld doch gut gebrauchen nach dem Kauf eines gebrauchten Opels. So suchte ich in Tageszeitungen nach Zimmervermittlern, wurde fündig, und mein Zimmer gefiel. Wenig später hörte ich allerdings warnende Stimmen von Freunden:

„Das würde ich an deiner Stelle aber nicht tun – du weißt doch gar nicht, wer da die ganze Nacht im Zimmer nebenan liegt!"

Ich versuchte diese Stimmen zu überhören und traf mutig die nötigen Vorbereitungen, wartete auf besagten Mittwoch, an dem der Meinige eintreffen würde. Dann war es soweit. Nett war er, fand ich. Oder tat er nur so?

Er war doch von solider Firma entsandt und musste einfach ehrenhaft sein. Wir sprachen ein wenig miteinander, ich erfuhr zu meiner Beruhigung, dass er verheiratet war und zwei reizende Kinder hatte. Also vermutlich kein Lustmolch!

Bald darauf gingen wir ins Bett, natürlich jeder in seines. Sollte ich die Tür abschließen? Sollte ich wirklich? Nein, ich denke besser an nichts Böses mehr, und rolle mich einfach in meine Bettdecke ein.

Umsonst warte ich nun auf sein Schnarchen aus dem Nebenzimmer zur Kontrolle, um dann selbst einschlafen können. Warum tut er es nicht? Machen doch alle Männer. Doch – jetzt niest er, meine Güte, habe ich mich erschrocken! Was läuft er denn da noch im Zimmer `rum? Kommt er etwa gleich aus der Tür geschlichen, um die meine zu öffnen und mich des geerbten Schmucks zu berauben?

Mir wird ganz heiß, ich atme jetzt kurz, stoßweise, das Einschlafen gelingt mir nun natürlich erst recht nicht mehr.

Ich stehe auf und lege mich jetzt auf die Lauer nach Sherlock-Holmes-Manier. Was könnte ich im „Ernstfall" tun? Gleich neben dem Schrank steht eine kleine Bodenvase –

zum Glück habe ich die welken Blumen heute entfernt. Ich stelle mich hinter die Tür, klemme sie mir unter den Arm, die Vase, wische mir den Schweiß von der Stirn, versuche, lautlos zu atmen.

Nun komm` schon, damit wir`s hinter uns bringen, fordere ich ihn unhörbar auf.

Es knistert und knackt – gleich wird sich die Tür öffnen und ich kurz darauf ohnmächtig am Boden liegen.

Ich warte nun langsam ungeduldig, überlege, dass ich es versäumt habe, ein Testament zu machen, und auch den Kindern habe ich nichts vom Messegast erzählt!

Sie werden nie erfahren, wer der Täter war, sollte ich aus meiner Ohnmacht nicht mehr erwachen. Ich habe das Gefühl, endlos lange da im dunklen Zimmer mit dieser albernen Vase zu stehen. Da höre ich doch tatsächlich plötzlich sein Schnarchen!! Was fällt dem denn jetzt ein? Ich stehe also völlig überflüssig hier herum!

Nach eingehender Überlegung begebe auch ich mich wieder in mein Bett – sinniere noch ein Weilchen vor mich hin und entschlafe dann ebenfalls selig bis zum frühen Morgen.

Peinlich berührt wache ich pünktlich auf, gehe ins Bad, koche dann Kaffee für meinen lieben Messegast und warte ergeben auf ihn. Munter öffnet er wenig später die Küchentür, strahlt fröhlich:

„Guten Morgen – haben sie auch so gut geschlafen?" . . .

Der Marmortisch

Wie hatten sie ihn gehegt und gepflegt, ihren Marmortisch, das gute Stück! Eine Tischdecke zierte ihn zuweilen, um Kratzer zu vermeiden.

Nun kam diese Renovierung und der Arbeitseifer ihres Gatten hinzu. Verbissen tobte er durch die Räume, schob dort einen Schrank zur Seite, da stellte er den Tapeziertisch auf, hier riss er wie wild alte Tapeten ab. Sie sah schon im Geist irgendetwas umkippen.

„Pass` auf – die Vase!", so oder ähnlich ermahnte sie ihn häufig.

„Herbert, fast hättest du das Aquarium umgestoßen, so geht es doch nicht!!" Herbert versprach, sich ab sofort vorsichtiger zu bewegen. Doch da hatte er zuviel versprochen. Zehn Minuten später war es dann passiert: Die wunderschöne Marmortischplatte, die zur Sicherheit an die Wand gelehnt auf der Terrasse stand, kippte durch seine Wuselei einfach um und bestand ab diesem Augenblick aus zwei Teilen. Herbert wagte nicht, Christel seine Tat einfach so zu gestehen. Bevor er lange genug darüber sinniert hatte, wie er es ihr ganz schonend beibringen könne, stand sie auch schon mit entsetzter Miene neben ihm und blickte auf das Unglück. Nach Einsatz der kleinen grauen Zellen und einigem Gestotter hatte Herbert die Lösung:

„Christel, mach` dir keine Gedanken, wir sind ja schließlich versichert." Schnell holte er die Police aus dem ordentlich geführten Ordner mit dem Titel „Versicherungen" und fand besagtes Schriftstück auf Anhieb. Leider fand er den betreffenden Passus nicht, der ihm die teure Marmorplatte ersetzen sollte. Christel sah ihn böse an:

„Und nun, du Schlaumeier?"

Der Schlaumeier hatte plötzlich eine nicht so ganz saubere Idee in seiner Not:

„Ich hab`s, Schatz! Gustav kann das über seine Haftpflichtversicherung regeln lassen.

Ich habe ihm schließlich auch schon so manchen Gefallen getan."

„Mensch, Herbert, das darf man doch gar nicht", warf Christel entsetzt ein.

Doch irgendwie schaffte er es, Christel von der Notwendigkeit dieser kleinen Unregelmäßigkeit zu überzeugen. Nun kam das Opfer, Schwager Gustav, von allen *Guschi* genannt, zu seinem Auftritt beim nächsten Besuch.

„Herbert, ist doch logisch, dass ich dabei bin. Gleich morgen werde ich das klar machen – so, und nun schenk` uns ein Bier ein!"

Herbert, natürlich erleichtert über Guschis Bereitwilligkeit, schenkt freudig die Gläser voll. Selbst Christel lockte die Aussicht auf einen neuen Tisch ein kleines Lächeln ab. Am anderen Tag der Anruf von Schwager Gustav: Es wäre bereits alles geregelt. Herbert müsse sich jetzt nur noch zurück lehnen und abwarten.

Der Sachverständige der Versicherung „Glück-im-Unglück" ließ ihn nicht lange warten. Drei Tage später schon hatte er die Platte besichtig, alles für korrekt befunden – ab sofort mussten Christel und Herbert nur noch ihre Kontobewegungen beobachten. Die Marmorplatte durften sie dann selbst entsorgen, sie landete vorne an der Straße neben dem Müllcontainer.

Der Haussegen hing wieder gerade und Christel und Herbert luden noch am gleichen Nachmittag ihre Nachbarn Erwin und Frieda zum Abschluss ihrer Renovierungsarbeiten auf ein Tässchen Kaffee mit Himbeertorte und einem deftigen Bier für die Männer ein.

Die Damen kamen us Plaudern, und Christel konnte nicht umhin Frieda flüsternd von ihrem Trick mit der Versicherung zu erzählen. Friedas Augen wurden hinter ihren schweren Brillengläsern immer größer, und wie jetzt leicht zu erkennen war, aktivierte sie gerade ihre kleinen grauen Zellen, lief dann aufgeregt zur Haustür, öffnete sie und rief ihrem auf dem Fahrrad kurvenden Söhnchen zu:

„Micky, lauf` zum Container, da steht so `ne alte Marmor-platte. Bring` die mal schnell zu uns `rein!" . . .

Löwe & Co.

Ich saß zwischen ihnen und konnte mich des Gedankens nicht erwehren, unser Kaffeekränzchen an diesem Donnerstag bei Karla in einem Mini-Zoo zu verbringen, nachdem ich leicht belustigt unsere kleine Runde so gemustert hatte, wie eigentlich noch nie zuvor.

Ich sah zu Gisela. Sie schob ihre winzig gebogene Nase, die der einer Eule glich, tief über die Tasse – schnupperte und seufzte genussvoll.

Karla, rundlich mit großen Augen, flatterte jetzt aufgeregt von der Küche in die Stube und umgekehrt, emsig damit beschäftigt, es allen recht zu machen.

„Habt ihr alles? Fehlt noch etwas?"

Dabei kullerten ihre Augen über unsere Köpfe wie die einer Henne.

Gerda lachte lauthals über Karlas Geflatter. Ein Klang wie das Brüllen eines Löwen, und wenn man sie genau betrachtete, glich auch ihre Frisur der des Dschungelkönigs – besonders, wenn sie die Haarpracht mit schwungvollem Kopfdrehen nach hinten schmiss.

Lisbeth zupfte unermüdlich mit spitzen Fingern Fussel von ihrer Bluse, die sie vermutlich nur allein sah, was an das Lausen eines Affen erinnerte.

Helga gab das friedliche Bild einer schnurrenden Katze ab. Ihre schmalen Augen blickten gelangweilt in die Runde und schlossen sich hin und wieder ganz langsam.

So saßen sie alle beisammen, schlürften ihren Kaffee, plauderten und beschlossen dann, das nächste Kränzchen bei Helga, dem friedlichen Kätzchen, stattfinden zu lassen.

Schon flatterte Karla wieder in die Küche, nahm ihren Kalender von der Wand und die zweite Platte Kuchen aus dem Ofen, bat dann Gisela, den Termin abzustimmen, an dem alle Zeit hätten.

Gisela setzte ihre Brille auf und glich jetzt noch mehr einer Eule, murmelte:

„Am 13., 14. oder 15., was passt euch am besten?", worauf sie mit rundem Vogelblick auf ihre Freundinnen sah.

Die Löwenmähne von Gerda geriet in Wallung, mit tiefer Stimme schlug sie den 13. vor.

Jetzt hob Helga den müden Katzenblick und sagte leicht schnurrend:

„Der 13. ist ein wunderbarer Tag, ich bin dafür und es passt mir gut, die Kinder haben dann einen Ausflug und sind nicht da", worauf Liesbeth das Zupfen an der Bluse unterbrach, um dem 13. ebenfalls zuzustimmen. Nun musste nur Karla noch einverstanden sein.

Karla, die gerade wieder einmal in die Küche geflattert war, um ein Fläschchen Sekt zu öffnen, kam gleich darauf zurück, füllte die Gläser und hob das ihre mit den Worten:

„Auf den 13.!" Wir stimmten ihr zu.

So vergingen die Stunden in geselligem Plaudern.

Viel später hatte Karla das Umherflattern aufgegeben, Giselas große Eulenaugen wurden immer kleiner, sie wurde langsam müde.

Das Löwenlachen von Gerda glich langsam dem Schnurren eines Katers, Helgas gelangweilter Katzenblick schien jetzt noch gelangweilter und auch Liesbeth hatte das Zupfen nicht vorhandener Fussel eingestellt. So langsam löste sich, nach einem Blick auf die alte Standuhr, die Runde auf.

Ein letztes Umherflattern von Karla, ein Blick über den bekleckerten Tisch aus Giselas Eulenaugen, ein verhaltenes Löwenlachen von Gerda, das Entfernen eines einsamen Fussels wird doch noch von Liesbeth vollbracht, und Helga kann ihre Katzenaugen nun nur noch mit Mühe aufhalten.

Wir standen jetzt schon vorm Haus in der Dunkelheit. Karla, die Henne, rief allen – Lisbeth, dem Äffchen, Gisela, der Eule, Gerda der Löwin, und Helga, der Katzendame – ein fröhlich-müdes:

„Gute Nacht, dann bis zum 13., Mädels" hinterher, während Liesbeth noch den wirklich letzten Fussel entfernte – dann schloss sich leise die Haustür hinter uns ...

Marianne

Sie stand vorm Spiegel, wollte gerade in ihr Nachhemd schlüpfen, um ins Bett zu gehen. Nun betrachtete sie sich eingehend und kritisch. Na und? Welche Frau hat keinen kleinen Bauch? Bei dieser Überlegung zupfte ihre rundliche Hand das rot gefärbte Haar zurecht, sie zog ihr Nachthemd endgültig an, verdrängte den Gedanken an überflüssige Pfunde und wandte sich ihrem Gesicht zu.

Prüfte, ob die seit drei Wochen benutzte 50-Plus-Creme tatsächlich alle Spuren des Alters beseitigt hatte. Hatte sie nicht! Marianne wandte sich mit leichtem Seufzen ihrem Kleiderschrank zu, legte alles zurecht für den nächsten Morgen, stellte den Wecker auf sechs Uhr und schlief unzufrieden ein.

Er klingelte pünktlich, sie spazierte ins Bad, um dann erneut ins Schlafzimmer zu gehen, wo ausgewähltes blaues Kleid schon auf dem Bügel hing, schlüpfte hinein. Ein Blick in den Spiegel – sah ganz gut aus.

Ein zweiter Blick. Saß der Ausschnitt nicht irgendwie schief? Wieso hatte sie das gestern nicht bemerkt? Das Kleid flog aufs ungemachte Bett – Neuversuch! Braunes Kleid mit grünem Gürtel. Wieder ein Blick zum Spiegel: unmöglich!

Wieso hatte die neulich so davon geschwärmt – Frau Nolle von nebenan – als Marianne es trug – die falsche Schlange!

Ein Blick zur Uhr. Es eilte! Hastig zog sie nacheinander alles an, was ihr Schrank hergab. Das Ergebnis: Knöpfe sprangen ab, Nähte rissen auf, Schmuck verhedderte sich in Blusen, die Haare standen zu Berge. Verstreut lag die Kleidung auf – unter und neben dem Bett. Keine Zeit zum Ordnen, kleine Schweißperlen bereits auf ihrer Stirn. Noch zehn Minuten! Womit hatte sie das verdient?

Plötzlich Ruhe – verzweifelte Ruhe –die Wahl fällt auf das anfangs gewählte blaue Kleid mit schiefem Ausschnitt. Schnell die Nase gepudert, Kaffee gib`s heute nicht.

Die Wohnungstür fällt mit lautem Knall ins Schloss und

die Handtasche entleert ihren Inhalt im Treppenhaus. Leise vor sich hinschimpfend sammelt Marianne alles wieder ein, was den Inhalt dieser Taschen so ausmacht: Lippenstift, zerknautschte Papiertaschentücher, Geldbörse, Brillenetui, und, und, und – eilt mit großen Schritten zur Straßenbahn. Gerade noch erwischt!

Auf dem Flur zum Büro der Kollege Krause. Ihr einziger Gedanke: *Bitte, keinen Kommentar von Krause zu meinem Outfit, weiß ja selbst, wie gruselig ich aussehe!* Sich schnell mit gesenktem Kopf und einem gemurmelten: „Moin, Herr Krause", an ihm vorbeischlängelnd strebt sie ihr Büro an.

„Oh, Frau Schmidt, so flott – was haben wir denn heute noch vor? Darf ich sie dabei begleiten?" Danach sein kleines anerkennendes Pfeifen …

Internet

Endlich war Karl jetzt auch `drin und somit ein Internet-User. Wie er gehört hatte, sagte man „Juser", ein Benutzer also. Welche Möglichkeiten eröffneten sich ihm! „shoppen", „homebanking", „downloaden" von „Software" und „Tools" – ein Englischkurs wird unumgänglich sein.

Aus Insider-Kreisen hörte er schon bald diesen oder jenen Fachausdruck. Warf dann auch mit derlei Begriffen herum, besonders in Kreisen, in denen gerade mal bekannt ist, dass ein Computer nicht beißt und sogar ganz nützlich sein kann.

Bald war unser Karl mit der Bedienung des Internets ziemlich vertraut, freute sich, „Emails" und sogar auch mal eine „sms" auf das Handy anderer Leute über das Internet versenden zu können und hatte auch schon das eine oder andere Programm „downgeloadet". Eigentlich sollte er sich mal mit dem „Chatten" nach einer Chatpartnerin beschäftigen.

Doch einfach da so reingehen in den „Chatroom"? Ne, also, das war dann doch nicht so sein Ding. Eine Anzeige vorab in der Zeitung! Ja, das war`s. Am sinnvollsten unter der Rubrik „Er sucht Sie" in einer seriösen Tageszeitung.

Am besten, er stellt ein bisschen etwas dar: *Tennisspieler sucht Chatpartnerin*, das war doch eine aussagekräftige Anzeige und hörte sich gut an. Es konnte sich so Einiges dahinter verbergen. Vielleicht, dass es ihm ganz gut ging in finanzieller Hinsicht?

Sicher erhöht es die Anzahl der Briefe. Tat es auch: Er bekam 35 an der Zahl!

Das war ja richtige Arbeit, dieses Vorsortieren der Schreiben, von denen dann fünf in die engere Wahl kamen. Diese Damen erhielten nun eine Email von ihm. Er bat darin um ein Foto, wenn möglich.

Von einer wenig attraktiven Dame bekam er dann auch eines – und sie umgehend einen Korb von ihm. Wollte er denn nur mit gut aussehenden Damen „chatten"?

Oder verbarg sich vielleicht noch ein anderes Anliegen dahinter? Doch zunächst traf er eine der restlichen vier Damen dann persönlich. Es hatte sich so ergeben. Sie gefiel ihm gut.

Man trank zusammen einen Kaffee in der Stadt, plauderte ein wenig und freute sich auf die nächste Email. Die wurde auch umgehend ausgetauscht nach diesem Treffen. Man mailte übers Wetter, ein wenig dies und auch ein wenig das – und dann noch bisschen übers Wetter.

Viel Gesprächsstoff hatte er nicht, die Dame hielt sich daraufhin ebenfalls zurück. Zum Glück fiel Karl kurz danach dann doch noch ein bedeutsames Thema ein, zu dem ihn Rolf, sein Schwager, inspiriert hatte.

Denn der saß meist noch spät am Abend am Computer, sehr zum Ärger seiner Frau Gundi. Misstrauisch, was an dem Kasten denn so interessant sein könnte?

Rolf hatte Karl ständig mit vielsagendem Lächeln darüber aufgeklärt, dass ihm vieles entginge, wenn er nicht auch endlich in den Chatroom ginge, um über *bestimmte Themen* zu chatten. Diesen Hinweis von Rolf noch im Ohr bekam besagte Dame folgenden Gesprächsvorschlag: Man könne doch auch gern mal ein wenig über das Thema „Sex" mailen – mailte er ihr.

Bewusste Dame war da ganz anderer Meinung: Nein, gerade das sei nun nicht der Gesprächsstoff, der sie in dieser Form interessieren würde – und auch nicht unbedingt mit ihm. Da hätte sie eine ganz andere Sicht der Dinge. Er könne entscheiden, ob er unter diesen Umständen noch weiter mit ihr mailen wolle.

Er wollte und versprach, brisantes Thema nie wieder zu erwähnen. Seine Reaktion erstaunte sie ein wenig. Hatte sie doch vermutet, dass er nie wieder von sich hören ließe.

Doch sie mailen nun immer noch munter hin und her.

Mal schickt Karl ihr windige Grüße von der Nordsee, dann schickt sie weniger windige Grüße vom Maschsee aus Hannover zurück.

Manchmal macht er ihr Vorschläge zu Kurzgeschichten, an denen sie hin und wieder schreibt. Manchmal sinnierte er aber auch, ob er nicht selbst irgendwann ein wenig schreiben sollte: über sein Leben als User, die Menschen im Internet – den Wind an der Nordsee ...

Der Grizzlybär

Mike saß hinterm Steuer des Polizeiwagens, eifrig damit beschäftigt, sein Kaugummi zu zermalmen.

„Da hinten ist der eine Bill, er läuft in Richtung Georges` Hütte. Um den sollen sich die Kollegen kümmern. Den anderen Grizzly müssen wir unbedingt noch vor Einbruch der Dunkelheit finden. Wenn er auf die Jungs trifft – gar nicht auszudenken!"

Bill drehte für beide eine Zigarette. Hinter ihnen liegt das Betäubungsgewehr, aus dem Radio erklingt *Jailhouse Rock*, und eine Stute kreuzt aufgeregt ihre Strecke, die sie langsam mit suchendem Blick abfahren. Hat der Bär die bereits erschreckt? Ein unwohles Gefühl befällt beide Polizisten. Sie nähern sich den Häusern. Mike greift zum Megaphon:

„Achtung, Achtung, zwei Grizzlybären streifen durch unsere Gegend, sind vermutlich aus dem Nationalpark ausgebrochen. Bitte verlasst die Häuser nicht – Achtung, Achtung, zwei Grizzlybären ..."

George, neben Jane in seine Bettdecke eingerollt, hatte vor Stunden den Ruf der Freunde durchs Megaphon gehört, aber draußen ist alles still. Langsam gleitet er in seine Träume.

Doch plötzlich ein trommelndes Klopfen an der Tür. Er wälzt sich mühsam aus den Kissen, öffnet ahnungslos die Tür – und da steht er vor ihm – der Grizzly! George ist wie vom Blitz getroffen. Ein Albtraum! Lieber Gott, lass` ihn sofort verschwinden! Doch der Bär denkt nicht dran, sieht aus kleinen Augen feindselig in seine Richtung, die Vorderläufe halb erhoben, will er an ihm vorbei ins Haus. Mit einem Hechtsprung landet George auf den Steinen vor seiner Hütte, noch bevor der Bär ihn richtig wahrgenommen hat.

Er rappelt sich auf, läuft in Richtung Schuppen, zwängt sich durch die enge Tür, schmeißt sie hinter sich zu und glaubt sich in Sicherheit.

Erschöpft fällt er in der Dunkelheit zu Boden, schließt die Augen und versucht sich langsam zu beruhigen. Eine unerklärliche Angst befällt ihn plötzlich aus dem Nichts. Was ist los, was stimmt hier nicht?

Jetzt hört er ein leises Grunzen, ein Rascheln und sieht einen überdimensional großen Schatten neben sich. Schweiß tritt aus all seinen Poren, Sein Pyjama ist bereits klitschnass – und vermutlich auch total verschmutzt. Im stockt der Atem. Wie ist der hier `reingekommen?

Blitzschnell versucht George mit einem Hechtsprung die Tür zu erreichen. Flucht – ist sein einziger Gedanke! Aber es ist egal, wie schnell er ist, der Bär ist schneller.

Das Untier stößt Schreie aus, der Boden vibriert unter Georges Füßen – gleich hat er am Ziel, da — ein Dröhnen mit kehliger Stimme, er fühlt den Bären jetzt ganz nah hinter sich, spürt seinen heißen Atem, ihm wird fast übel. Noch eine Sekunde, dann hat der Koloss ihn zu Boden geschmissen und George kann vergessen, wie er den Rest seines Lebens gestalten wollte!

Jane – meine Güte Jane, wie würde sie ohne ihn leben? Er darf sie nicht allein lassen. Tausend unsinnige Gedanken gehen ihm in dieser Sekunde durch den Kopf, er hält die Spannung nicht mehr aus! Wo ist die verdammte Türklinke?

Da – ein schrilles Klingeln! Was ist das? Fassungslos und glücklich begreift er: Der Wecker! Noch nie hat ihn dieses Geräusch so begeistert, und noch nie ist er so fröhlich aus dem Bett gesprungen!

Auch Jane schrickt aus ihren Kissen auf, sieht ihn aus großen Augen an.

„Jane, würdest du dich freuen, wenn ich dir heute die roten Schuhe aus der Stadt mitbringe?" . . .

Wenn du denkst...

Wir befanden uns im Zug von München nach Bremen. Ich kannte ihn schon lange, wir konnten gut miteinander reden. Eigentlich wusste er meist alles ein kleines bisschen besser, als alle anderen. Mich störte es nicht sonderlich, wollte er mich bekehren, schwieg ich einfach. So hatte er vermutlich die stille Meinung, mich wieder einmal überzeugt zu haben, daher mein ehrfürchtiges Schweigen. Warum sollte ich ihm diesen kleinen Triumph nicht gönnen?

Wie schon gesagt, ansonsten verstanden wir uns gut, hatten viel Spaß zusammen und schon so manche nette Zeit gemeinsam erlebt. Nun saßen wir also in diesem Zug nach Bremen. Seine Stimmung war gut, meine eigentlich auch. So begann ich irgendwann zu philosophieren. Erzählte von Freunden, die ich manchmal nicht verstand, sie mich vermutlich auch nicht.

„Warum willst du sie verstehen?" fragte mich mein Freund.

„Na ja, warum soll ich nicht versuchen, mich in sie hinein zu versetzen? Dann begreife ich sie eben besser."

„Das tun sie doch schon selbst," war nun seine Antwort.

Ich versuchte ihm begreiflich machen, dass es auch manchmal ganz gut sein könne, nicht nur von sich aus zu urteilen.

„Machen die anderen doch auch." Was sollte ich darauf sagen?

„Ich mache mir jedenfalls noch Gedanken über meine Freunde, so!" betonte ich.

„Vielleicht wollen die das gar nicht? Dann müssen sie sich ja auch mit *dir* beschäftigen, und wer hat schon Lust dazu?"

„Sehr charmant", fiel mir dazu ein, und:

„Vielleicht mache ich mir auch Gedanken um dich?"

„Na, das hat mir noch gefehlt – über mich denke ganz allein ich nach, o. k.?" Ist so was möglich? Wie kann einer so verständnislos und arrogant sein?

Ich gab nicht auf, wollte ihn unbedingt davon überzeugen, dass gute Freunde auch mal über den anderen nachdenken. Er belehrt mich weiter:

„Was glaubst du, wenn du über sie nachdenkst, was ihnen selbst dann noch bleibt? Sollen sie am Ende dann doch noch auf dir rumdenken?" Er grinste breit.

„Was sollen sie denn da denken? Warum du soviel an sie denkst? Ich denke, du solltest damit aufhören. Denk` du für und an dich – ich denke weiterhin an mich, wie alle anderen, die auch nur an sich denken. So, nun denk` nicht soviel und gib` mir lieber einen Schluck Wein, Prost!"

Damit hielt er mir seinen Pappbecher hin.

Während die bergige Landschaft am Fenster an uns vorbeifliegt, denke ich nun schon eine ganze Weile darüber nach, ob ich zu seiner Freude jetzt nicht einfach wirklich auch nur an mich denke und aus meinem Süßigkeiten-Tütchen – nur für mich ganz allein – eine Praline heraus nehme? . . .

Rosas Geschichte

Endlich war unsere Freundin Rosa mal wieder verliebt! Es hatte schon eine Weile gedauert, bis ihr schließlich erneut der berühmte „Richtige" über den Weg lief. Eigentlich lief er ja nicht, er suchte im Wochenblatt die angebliche Traumfrau, der er kürzlich am See begegnet war und leider nur flüchtig wahrnehmen konnte, so schnell verschwand sie in der Menge. Rote, kurze Haare hätte sie, die schöne Unbekannte, die er gesehen hatte.

Dort stand nun: *Sonntag am See, 18 Uhr, „Cafe` zum Meerblick". Schönheit mit kurzen roten Haaren lächelte mich an – ich – mit kecker roter Mütze – lächelte frech zurück – erinnerst Du Dich? Ich kann Dich nicht vergessen. Wo bist Du? Bitte melde Dich bei mir!! Tel ...*

Auch Rosa hatte rote, kurze Haare, wenn auch eher ins Bräunliche gehend. Sie könnte es gewesen sein – wie so viele andere auch.

Mit dieser Suchmeldung kam Regine nun zu ihr, die eifrigste Zeitungsleserin unter uns vier Freundinnen – sah sie gespannt an.

„Na, was sagst du??"

Rosa überlegte: Hatte sie da nicht tatsächlich einer angelächelt, als sie eine kleine Weile auch am *Cafe` zum Meerblick* stand? An eine rote Mütze konnte sie sich allerdings nicht erinnern.

„Ich weiß nicht – soll ich wirklich anrufen?" Zweifel kamen Rosa.

Doch was konnte ihr passieren? Am gleichen Abend, in besinnlicher Stunde allein bei einem Glas Wein, wagte sie es dann – sie wählte die Nummer aus dem Inserat der Rubrik: *Er sucht Sie.*

„Ja, hallo, ich hab' Deine Anzeige gelesen. Ja – hm, vielleicht bin ich die Unbekannte vom See?", meldete sie sich etwas zaghaft.

Hocherfreut war seine Reaktion, wenn sie auch nur eine

unter einigen war, die angerufen hatten. Nach kurzer Erörterung wurde ihnen klar, dass sie die Gesuchte sicher nicht sei. Doch es störe ihn nicht – treffen könne man sich doch trotzdem, denn ihn würde ihre Samtstimme so sehr faszinieren. Am besten doch gleich morgen gegen 19 Uhr im Eiscafe` um die Ecke, schlug er vor. Rosa, schon das Zipfelchen von „Wolke Sieben" erspähend, willigte freudig, mit samtener Stimme, ein:

„Ja, kein Problem, ich werde da sein – also, bis morgen".

So traf man sich tatsächlich am nächsten Abend in diesem kleinen Cafe`, das er, Fabio, wie er sich vorstellte, vorgeschlagen hatte. Aufgeregt betrat Rosa das Eisstübchen, sah sich suchend um und entdeckte ihn dann in einer Ecke sitzend, die berühmte rote Mütze tief ins Gesicht gezogen. Langsam ging sie auf ihn zu – in diesem frechen, geschlitzten Rock und dem engen Pulli.

Er sah hoch – ihr Lächeln sagte ihm, dass sie es war. Hastig stand er auf. So hastig, dass fast der Stuhl umkippte. Sie begrüßten sich etwas nervös, wobei seine brauen Augen sie mitten ins Herz trafen. Rosa saß ihm nun gegenüber. Nachdem er für beide einen Wein bestellt hatte, versuchten sie ein Gespräch zu beginnen, indem sie sich Fragen zu ihrem Leben stellten – wie man das so tut.

Dabei erfuhr Rosa, dass Fabio schon lange in einer Beziehung lebte aber nicht genau wüsste, ob sie noch die nächsten Jahre überstehen würde, die Beziehung.

Etwas traurig war Rosa schon über diese Mitteilung, was sie eigentlich erstaunte. Angesichts der Tatsache, dass sie sich erst ein paar Minuten kannten, sollte sie dies eigentlich nicht sonderlich berühren. Fabios Frage, ob sie mit der Tatsache ein Problem hätte, beantwortete sie hastig mit einem:

„Nein, wieso? Überhaupt nicht, es ist ja deine Sache".

So plauderte man noch ein Weilchen, sah sich so ab und zu tief in die Augen und beschloss irgendwann, zu gehen.

Er war es! Ja, sie wusste es in diesem Augenblick ganz genau. Sein Lächeln hatte sie sofort fasziniert.

Morgen musste sie es gleich den anderen erzählen! Fabio legte leicht den Arm um ihre Schultern, brachte Rosa noch bis vor die Haustür, küsste sie auf die Wange und war dann schnell in der Dunkelheit verschwunden. Lächelnd ging sie die Treppe hinauf, schloss die Tür auf, ließ ihre Jacke einfach auf den Boden fallen, was sonst nicht ihre Art war, und fiel seufzend auf `s Bett.

Sie starrte an die Decke, dachte über seine Worte, seine wunderschönen braunen Locken, seine Komplimente und sein Lächeln nach. Der Gedanke an Fabios Partnerin, er erwähnte ihren Namen – Petra – wurde von Rosa zur Seite gelegt. Jeder weiß es: In eine intakte Beziehung dringt kein Fremder ein!

Somit schien seine nicht besonders intakt zu sein. Das Ergebnis vieler Forschungen wissbegieriger Frauen, Männer und ihre Reaktion in solcher Situation wirklich kennen zu lernen, ignorierte sie. Die beim Studium gewonnene Erkenntnis nämlich, dass es für Männer durchaus andere Beweggründe für einen Seitensprung gab, als den bereits erwähnten – die aus dem Takt geratene Beziehung.

Es gab da zum Beispiel noch die Aufbesserung des Egos, den Reiz des Neuen und die Langeweile in der bestehenden Beziehung, größtenteils verursacht durch ihn.

Schon die einfache Tatsache, dass ein Mann allein durch den Anblick eines wohlgeformten Busens oder den Hüftschwung einer im engen Rock daher schreitenden Fee völlig außer Kontrolle geraten kann, und ihn alle guten Vorsätze vergessen lässt, sind für Rosa keine Gründe, sich nicht glücklich in den Schlaf zu seufzen.

Am nächsten Morgen begann der Tag für sie wie gewöhnlich. Nach ihrem geliebten Kaffee erledigte sie noch einige Kleinigkeiten im Haushalt und fuhr dann mit dem Rad, wegen des schönen Wetters, zur Kindertagesstätte, in der sie als Erzieherin arbeitete.

Wieso standen in Schröders Garten plötzlich diese wunderschönen Sonnenblumen?

Daneben wohlduftende Rosenstöcke. Waren sie über Nacht erblüht? Merkwürdig! Man sieht also durch rosarote Brillen tatsächlich auch noch etwas anderes, als den Geliebten auf erhöhtem Podest!

Schon kam ihr der kleine Sascha entgegen, fragte nach seinem Bilderbuch. Rosa befand es allerdings für nötiger, erst einmal seine Nase zu putzen. Sie war wieder völlig in ihrem Alltag, es blieb keine Zeit, viel an Fabio zu denken.

In der Mittagspause dann wagte sie es doch und rief ihn an. Freundlich begrüßte er sie, lenkte aber gleich ein, dass er den Abend mit Petra verbringen würde. Rosa reagierte betont entspannt darauf, was konnte sie sonst tun?

„Na dann mach`s gut, schönen Tag noch, wir telefonieren wieder", sie legte auf. Enttäuschung wollte in ihr aufkommen, doch sie ließ es nicht zu. Die Kinder wollten ihre Fröhlichkeit, das Spiel mit ihr.

Um an diesem Abend nicht allein zu bleiben, suchte sie Trost bei mir, ihrer langjährigsten Freundin. Wir setzten uns gemütlich ins Wohnzimmer, Duftlampe und Wein standen bereits auf dem Tisch, und nun endlich erfuhr ich wahre Wunderdinge über Fabio, nachdem Rosa bereits Einiges am Telefon über ihn berichtet hatte.

Den ganzen Abend sprach sie nur noch von ihm, ihre Gefühle, seine Worte, ihre Wünsche, Träume und Hoffnungen. Es war nur natürlich, dass ich die Sache etwas anders sah und versuchte sanft, Rosa ein bisschen bei ihrem gefährlichen Schwebegang auf *Wolke Sieben* zu stützen, ihr mögliche Enttäuschungen zu ersparen.

Dabei glaubte ich nicht wirklich, dass Rosa meine Meinung hören wollte. Teilte sie doch jetzt das Los vieler anderer Frauen. War ich nicht selbst mal in einen bereits *besetzten* Mann verliebt? Weitere besetzte Männer, die zeitweilig unter Gedächtnisschwund litten und ihre *Besetzung* völlig vergaßen, nämlich dann, wenn bereits erwähnte Fee vorbeischwebte, gab es da auch noch.

Das Beteuern, schon seit geraumer Zeit nicht mehr

besetzt zu sein, gelang denen natürlich nur, wenn sie selbst glaubten, was sie einer *Fee* in diesem Moment erzählten. Besonders schwierig hatten`s da die wenigsten Männer, liegt doch Wahrheit und Lüge praktischerweise bei ihnen in ein und derselben Schublade. Wenn man sich da mal als Mann vertut, wer kann es ihm verübeln?

Für Rosa war das allerdings im Moment ziemlich egal. Schließlich entsprach Fabio keinesfalls diesem Klischee. Hätte sie sich sonst in ihn verliebt? Doch wie bereits erwähnt: Was wussten die anderen schon von ihm?

Bald darauf befand sie sich ebenfalls im Zustand ihrer Mitschwestern: Sie wartete ständig auf seinen Anruf. Mal erfolgte er, mal nicht. Dann nahm sie manchmal allen Mut zusammen und rief ihn einfach übers Handy an. Zuweilen hatte sie Glück und erreichte ihn. Manchmal erreichte sie ihn auch ohne Glück. Nämlich dann, wenn er nicht in der Lage war, mit ihr zu sprechen, weil *Sie* neben ihm saß.

Einmal hatte sie die große Freude, dass er fast die ganze Nacht bei ihr bleiben konnte. Rosas *Wolke Sieben* verwandelte sich in ein ganzes Meer von Wolken mit besagter Nummer.

Natürlich war er ein zauberhafter Liebhaber, ihr Fabio, der so ganz anders war, als besagte Männer, ihr bekannt aus unzähligen Geschichten anderer Frauen.

Sie verbrachten danach noch wundervolle Wochen zusammen, in denen auch einige wenige intime Treffen stattfanden. Doch von ihm zu träumen, mit ihm zu telefonieren, mal einen Wein mit ihm zu trinken – schon das machte sie für kurze Zeit sehr, sehr glücklich.

Doch dann, bei aller Bescheidenheit – konnte sie nicht länger so genügsam sein und begann gedanklich durchzuspielen, ihm zu erklären, ohne eine Entscheidung – oder zumindest eine zeitlich bessere Regelung – nicht länger sein kleines Geheimnis sein zu können.

Trotzdem dauerte es noch Tage, bis sie sich zu diesem alles entscheidenden Anruf durchringen konnte.

Nach vielen Diskussionen mit ihren kompetenten Freundinnen war es dann eines Abends soweit:

Sie zündete sich zu ihrem Gläschen Wein eine Duftkerze an und wählte die entsprechende Entspannungsmusik für ihr Vorhaben aus. Dann der zitternde Griff zum Telefon.

Ihre Nerven waren angespannt, ihr Puls raste und der Atem blieb ihr fast weg. Nach dem fünften Klingelton war er dann endlich am Apparat, er – Fabio. Man konnte nicht sagen, dass er sich nicht freute, das verriet schon der warme Klang seiner Stimme:

„Hallo Rosa, schön dich zu hören – was machst du, wie geht es dir?"

„Nicht besonders, wie denn auch? Du hast nie Zeit für mich, wenn ich anrufe, ist es meist ungelegen – es geht so nicht weiter …".

Sie sagte ihm alles, was ihr Herz so schwer machte.

Nach einigem Schweigen wieder seine Stimme, die so geliebte:

„Rosa, ich kann dich so gut verstehen – doch meine Entscheidung ist in den letzten Tagen gefallen: Erst jetzt weiß ich, dass mich mit Petra doch noch mehr verbindet, als ich dachte – ich werde mit ihr zusammen bleiben.

Und das verdanke ich dir, denn ohne unsere kleine Episode wäre es mir nie bewusst geworden. Eigentlich müsste ich dir dafür dankbar sein, kleine Rosa, es war sehr schön mit dir – sei bitte nicht enttäuscht …"

So, das war`s also! War es nicht wunderbar, dass Rosa durch ihre kleine *Episode* ein Pärchen ganz fest für immer zusammen führen konnte? Sollte sie sich jetzt über soviel ungewollten Edelmut ihrerseits auch noch freuen? Ihr war es ziemlich egal, welche Erkenntnisse sie nun wem vermitteln konnte.

Sie wusste nur, dass sie sich jetzt erst einmal richtig ausheulen und mit den anderen reden musste. Das Ergebnis dieser tränenreichen Unterredung mit uns Fachfrauen in Sachen Liebe und einigen Flaschen Wein war dann, dass

Rosa die Karten einfach neu mischen sollte.

Und genau das tat sie dann auch: Sie mischte die Karten tatsächlicher neu und überlegt nun, wem sie die erste zukommen lässt ...

Second hand

Ein Nachlass wurde geordnet, und auch ich sollte mich daran beteiligen. So begannen wir tagelang Geschirr, Bücher und alles Mögliche auszuräumen. Das eine oder andere Stück durften wir auch behalten, meine Freundin Marita und ich.

Irgendwann waren wir dann im Schlafzimmer angelangt und machten uns an den Inhalt des Kleiderschranks für den Bestimmungsort Flohmarkt. Die Erbin war ebenfalls anwesend, nahm einen Persianer, schwarz mit braunem Kragen, vom Bügel und bat mich, ihn mal kurz anzuziehen. Höflich wie ich bin, tat ich dieses, ohne groß zu atmen, wegen des muffigen Geruchs nach Parfüm, Schweiß und Mottenkugeln – die Anprobe würde hoffentlich nicht zu lange dauern.

Doch nun ging`s los: Alle beide, Marita und die Erbin, waren total entzückt über mein Erscheinungsbild in diesem ältlichen Pelzmantel, von dem keiner wusste, wie lange er schon im Schrank hing.

„Das sieht ja toll aus – also der Mantel steht dir wirklich super", und noch mehr Ergüsse musste ich mir anhören.

Ich blitze Marita vielsagend an, lächelte verzerrt und wollte nur noch eins: ihn ausziehen. Doch ein Unglück kommt selten allein. Zu allem Überfluss bekam ich den Mantel von der Erbin sogar noch geschenkt! Für mich fast eine Frechheit. Sah ich aus wie achtzig? Ich hatte das Gefühl, als grinste Marita etwas schadenfroh hinter ihrer Brille.

Was würden die Kinder Rene` und Katja, was die Nachbarn, meine Schwiegertochter Karina, mein Schwiegersohn Sven, Freunde und die Kollegen denken? Was würde überhaupt die ganze Stadt dazu sagen? Sollte ich zum Gespött herumlaufen? Und dafür musste ich mich auch noch bedanken!

Später legte ich diese Frechheit ganz still in meinen Keller, sprach im Familienkreis nicht darüber und versuchte heimlich, den Mantel loszuwerden.

Im Secondhand-Shop, im Pelzgeschäft und später dann doch, aus meiner Not heraus, im Bekanntenkreis. Niemand ist interessiert. Nicht mal für geschenkt wurde er genommen.

Nun liegt er seit etwa einem Jahr immer noch bei mir im Keller. Möchten Sie ihn vielleicht haben? . . .

Sternzeichen

Kaffeekränzchen am Mittwoch um sechzehn Uhr bei Elli. Wir waren fast alle da, bis auf Herrn Heineke, er würde etwas später kommen, wie Elli erklärte:

„Wisst ihr, Herr Heineke wohnt erst seit drei Monaten im Haus, ich möchte ihm ein bisschen den Einstieg in unsere Wohngemeinschaft erleichtern. Ihr habt doch sicher nichts dagegen?"

Klärchen Schulze schmunzelte:

„Ein Mann in unserer Runde ist sicher auch ganz nett. Nach meinem Horoskop wird es jedenfalls ein schöner Nachmittag heute."

Worauf die kleine Reni Herrmann einwarf:

„Wenn du an so was glaubst, kannst du nur Fische sein!"

„Ne, also da liegst du ja nun völlig daneben, ich bin nämlich Steinbock", protestierte Reni.

„Steinbock?", klang es dreistimmig. Was ja wohl bedeutete, dass sich insgesamt vier Steinböcke, mich eingeschlossen, unter uns befanden. Wieso hatten wir nie darüber gesprochen?

Es gab da noch einen Zwilling, eine Fische-Frau, der Löwe und auch der Schütze waren vertreten. Dass Elli eine Jungfrau war, hatte ich bis heute nicht gewusst, und natürlich kam nach ihrem Outing der berühmte Spruch von uns:

„Oh, ein Leben lang eine Jungfrau!" Als hätte sie das noch nie gehört! Genervt lächelte sie auch diesmal, was vermuten ließ, dass jenes Lächeln nicht ihr einziges in dieser Sache im Laufe ihres Lebens war, erkennbar an seinen Abnutzungserscheinungen, wie herabgezogene Mundwinkel und müder Blick.

Wir sahen uns nun plötzlich mit ganz anderen Augen, konnten uns gegenseitig ab sofort gut einschätzen – glaubten wir. Ach, deshalb war Hilde Müller aus meiner Straße, die seit zwei Jahren zu unserem Kränzchen gehörte, immer so schnell aufgeregt, schließlich war sie ein Widder, die dürfen das nämlich und können überhaupt nichts dafür!

„Aber du ein Steinbock?", sinnierte Gretel, während sie mich skeptisch musterte.

„So, wie du sind in der Regel Skorpione, das kann ich nicht unterbringen."

Ich wollte sie nicht an ihrem Wissen zweifeln lassen und konnte das Rätsel lösen:

„Mein Aszendent ist Skorpion", teilte ich ihr freudig mit und brachte damit ihre astrologische Welt wieder in Ordnung.

Die beiden feuchten Sternzeichen, Fische und Wassermann, hörten uns interessiert zu, bemerkten dann, es wäre doch alles Quatsch, denn die Nichte zweiten Grades der Fische-Frau sei auch Steinbock und völlig anders, als alle anwesenden Mädels dieses Zeichens hier in unserem Kreis.

Freundin Gretel konnte ihre neue Erfahrung nun sofort eifrig einbringen:

„Ja, meine Liebe, du vergisst bei dem Ganzen wohl völlig den Aszendenten!" und blickte damit stolz in die Runde, so dass die Fische-Frau jetzt nur zustimmend mit dem Kopf nicken konnte.

Da meldete sich der Wassermann zu Wort:

„Mädels, wenn das alles so stimmen würde mit den Horoskopen, wäre mir mein Traummann ja schon begegnet. Den hat mir nämlich Irmgard aus dem dritten Stock für diesen Monat vorausgesagt beim Erstellen einer persönlichen Prognose. Er würde auf einer Feier plötzlich vor mir stehen. Ja, und die Feier war schon längst.

Meine Nichte hat nämlich am 20. geheiratet. Es war ein Riesenfest mit unzähligen Gästen – nicht einer der Männer hat mich überhaupt nur bemerkt. Abgesehen davon gefiel mir auch keiner von denen. Also, wer sollte da plötzlich vor mir gestanden haben? So ein Humbug!"

„Na ja, Traudel, du musst das alles ein bisschen mit Humor sehen, alles trifft eben nicht so zu, vielleicht hat sie sich bloß im Monat geirrt."

Die anderen stimmten zu, erzählten dann von diversen Voraussagen im Bekanntenkreis, die doch tatsächlich zutrafen. Aber Traudel ließ sich nicht beirren, es war alles Humbug für sie!

Fast hätten sie das Klingeln an der Haustür überhört. Elli lief schnell in den Flur und stand kurz darauf mit Herrn Heineke im Zimmer. Er lächelte freundlich, grüßte nickend in die Runde, während Elli nach einer Vase für die Blumen von ihm suchte.

„Nehmen sie doch Platz, Herr Heineke, neben Traudel Schmidt ist noch ein Stuhl frei".

Traudel nickte ein wenig unsicher und rückte dann den ihren etwas zur Seite. Er setzte sich und sah sie an. Dabei wehte der Duft seines herben Parfums zu ihr herüber, er strich sich eine braune Locke aus der Stirn.

„Darf ich ihnen Kaffee nachgießen?", machte Herr Heineke sich gleich nützlich. Aus unerklärlichem Grund konnte sie nur nicken, froh darüber, gleich heute die neue Bluse aus der Boutique angezogen und beim Friseur gewesen zu sein. Warum eigentlich? – fragte sie sich gleichzeitig. Reni lächelte zu ihr hinüber, Herr Heineke klinkte sich in die Unterhaltung ein, hatte er doch auf dem Flur Wortfetzen mitbekommen.

„Glauben sie denn an Horoskope, meine Damen?" fragte er, in die Runde blickend, wobei sein Blick dann auf Traudel hängen blieb. Die schüttelte energisch den Kopf.

„Das sagt einem doch der gesunde Menschenverstand, dass solche Voraussagen nicht eintreffen können. Ist doch unmöglich, dass ein Stern da oben, Lichtjahre von uns entfernt, wissen soll, wann wer wem begegnet und uns das dann auch noch zum Beispiel über irgendein Computer-Programm mitteilt. So ein Unsinn!!!"

Herr Heineke schmunzelte, und die anderen Damen protestierten heftig. Doch Traudel war nicht zu überzeugen.

So plauderten sie noch eine Weile, Herr Heineke erzählte, wie es ihn in diese Gegend verschlagen hatte, und somit war das Thema *Horoskope* bald vergessen.

Später wurde noch ein Gläschen Wein getrunken, man prostete sich zu und versprach, das Kaffeekränzchen bald zu wiederholen – und auch Herr Heineke sei dann wieder herzlich eingeladen. Er nahm die Einladung dankend an, ihm schien es in dieser Damenrunde zu gefallen.

„Wenn das so ist, meine Damen, möchte ich sie doch bitten, mich Rolf zu nennen." So trank man Brüderschaft und jede der Damen bekam ein Küsschen auf die Wange.

Doch bei Traudel zögerte er ein wenig, dafür dauerte das Küsschen dann etwas länger. Errötete sie etwa leicht, oder war es die Beleuchtung?

Irgendwann stellten alle erstaunt fest, dass ihr Kaffeeklatsch die sonst übliche Zeit längst überschritten hatte. Reni fiel ein, dass ihre Tochter noch kommen wollte und Elli hatte Frühschicht. So beschlossen wir alle, auch Herr Heineke, nach Hause zu gehen.

Leichtfüßig und fröhlich sprangen wir die Treppe hinunter – standen dann auf der Straße zum letzten Abschiedsgruß, alle – Skorpion, Löwe, Steinbock, Zwilling, Schütze, Krebs und auch die Jungfrau – nur Traudel nicht, der Wassermann. Dafür hörten wir im Treppenhaus flüsterndes Gemurmel, eine weibliche und eine männliche Stimme . . .

Technik

Oh, eine Gegensprechanlage. Kurt drückt aufs Knöpfchen:

„Hallo?" Nun wartet er. Also, er wartet – immer noch. Da – endlich eine Reaktion:

„Ja – sagen sie bitte ihren Namen und ihr Anliegen, das sie zu uns führt", spricht eine Damenstimme, leicht verzerrt, wie die eines Roboters, zu ihm.

Kurt überlegt. Mit der Namensnennung ist er einverstanden. Aber sein Anliegen soll er schildern? Hat die Dame denn soviel Zeit? Was wird sein, wenn sie nur die Vermittlung ist, und er sich ihr dann einfach so offenbart hat? Das möchte er eigentlich doch lieber an zuständiger Stelle tun. Es könnte doch auch sein, dass ein weiterer Besucher im nächsten Moment hinter ihm steht. Was geht den sein Anliegen an? Was also tun?

„Hallooo, sind sie noch da?" Kurt zuckt zusammen.

„Ja, natürlich bin ich noch da."

„Dann teilen sie mir bitte ihr Anliegen mit, sonst kann ich ihnen leider nicht öffnen."

„Tja, äh – sind sie denn für mein Anliegen zuständig?"

„Nicht unbedingt – ich müsste ihr Anliegen erst kennen, um darüber Auskunft geben zu können."

Da hört er plötzlich Schritte hinter sich auf dem Kies. Er hatte es geahnt!

„Hallooo – was ist denn nun?", klang es erneut aus der Anlage. Langsam entfernt er sich auf Zehenspitzen – an dem neuen Besucher vorbei, der ihn etwas irritiert betrachtet.

„Hallooo – seien sie doch nicht so schüchtern! Wir helfen ihnen gern – nur Mut!"

Die Stimme wird leiser und die kleine Stahlpforte kommt langsam näher. Er schlängelt sich mit hastiger Bewegung hindurch und schwupp – ist er draußen.

Aus weiter Ferne hört er nun ganz leise:

„Hallooo – nun mal keine Angst, wir beißen nicht."

„Das würde ich ihnen auch nicht raten – Müller, Gerichts-
vollzieher – öffnen sie sofort!", hörte er darauf eine männliche Stimme ziemlich energisch in die Gegensprechanlage
rufen – und grinst still vor sich hin ...

Hallo?

Sprechen – Warten – Sprechwunsch". So ein Pech für Kurt!
Wieder stand er vor der verschlossenen Tür einer Behörde. Wieder diese dämliche technische Anlage mit drei
Knöpfen, die Kurt gegebenenfalls nun bedienen sollte. Er
versuchte es auch hier:

„Hallo?" Ihn beschlich Unbehagen.

Irgendwie fühlte er sich unwohl. Alles zu unpersönlich.
Warum kann er nicht einfach die Treppe hinauf gehen und
dem betreffenden Menschen sein Problem erklären?

Vielleicht hat der sogar Zeit für ihn – soviel Zeit, um für
beide einen Kaffee zu kochen, Kurt alles erklären zu lassen,
interessiert zuzuhören, um dann in seinen Unterlagen eine
Lösung für Kurts Problem zu finden. Vielleicht entdecken
sie im Gespräch auch Gemeinsamkeiten, die beide näher
bringen könnten. Vielleicht lachen sie zusammen? Vielleicht
beschließen sie am Ende ihrer Unterhaltung sogar, sich mal
zu treffen?

Kurt steht immer noch vor dieser Sprechanlage. Dann
hört er ein blechernes Schnurren. Man bietet ihm mal wieder
eine Computerstimme an:

„Warten Sie dreißig Sekunden und drücken Sie dann auf:
Sprechanlage!", schnurrt sie monoton.

Was soll er sagen? Nach kurzem Zögern versucht er es
dann:

„Darf ich jetzt gleich zwecks einer kleinen Auskunft zu
ihnen herauf kommen?" Ein Pfeifton ist die Antwort.

Dann wieder die Computerstimme:

„Danke – ich werde ihre Anfrage weiterleiten, sie bekommen in den nächsten Tagen Bescheid!" Damit ist er
entlassen. Vermutlich die Standard-Antwort für jedermann.
Ist das die Zukunft, der Fortschritt, wenn wir nicht mehr
miteinander sprechen?

Nachdenklich und ein bisschen traurig geht Kurt zurück
auf die Straße und beschließt, einen Brief zu schreiben ...

Der Peinliche

Immer macht er die gleichen Scherze, sie kennt sie alle. Ist es schlimm, wenn sie nicht mehr darüber lacht?

Besuch hat sich heute angesagt, sie freut sich, deckt den Tisch, setzt Kaffee auf. Es klingelt. Er eilt zur Tür, empfängt mit üblichen weit ausholenden Gesten. Dann sein aufdringliches Gelächter, überflüssige Sprüche. Sie begrüßt auch – verhalten, freundlich, nett. Der Kaffee ist fertig, man setzt sich, nachdem die Mäntel an der Garderobe hängen.

Später leises Klappern der Kaffeelöffel, unterbrochen von aufmunternden Worten des Hausherrn:

„Haut rein Leute, sonst ist alles weg, und ihr kriegt nichts mehr ab!" es ist ihr peinlich. *Wir befinden uns schließlich nicht mehr in der Nachkriegszeit, die Hungersnot ist weitgehend gebannt,* denkt sie.

Vielleicht haben die Besucher auch gerade ein verspätetes Mittagessen hinter sich? Müssen also auch nicht unbedingt „reinhauen".

„Paul, hör` auf, was soll das?", versucht sie flüsternd die Situation zu retten. Alle lachen ein bisschen gequält.

„Lass` ihn doch, wir kennen ja Paul!"

Zu seiner Freude kommt so schnell kein rechtes Gespräch zustande – das ist sein Einsatz: Schon beginnt er Begebenheiten zu erzählen, die ihr seit Jahren bekannt, weil sie ständig wiederholt werden – auf fast jeder Feier. Sie kann sie nicht mehr hören! Die Pointen werden von ihm übertrieben, Akteure dieser Geschichten oft lächerlich gemacht. Er haut sich dabei voller Freude auf die Schenkel, brüllt laut:

„Das hättet ihr damals sehen sollen – Mensch, haben wir gelacht!" Er mit Sicherheit, sie weniger. Dazu brauchte er auch noch ihre Bestätigung:

„Fragt Inge – nicht Inge, so war es doch?"

Sie stimmte meist verlegen zu und wechselte dann das Thema, sobald das möglich war.

Nun hofft sie doch schon eine ganze Weile darauf, einen

Gegner für ihn zu finden, einen, der mal eine Geschichte über Paul erzählt, sich dann voller Wonne auf die Schenkel klopft und brüllt:

„Das hättet ihr sehen sollen – Mensch, haben wir alle gelacht!" . . .

Der Wasserfilter

Sie hatte einen runden Geburtstag und auch Gäste eingeladen, wie ihre Cousine Ulrike mit Mann, deren Tochter mit Verlobten, die dann noch Müllers mitbringen wollten, ein ihr ebenfalls bekanntes Ehepaar.

„Bitte schenkt mir keinen Schnickschnack, den ich irgendwo hinstellen muss, obwohl es keinen Platz mehr gibt. Staubwischen ist auch nicht gerade mein Hobby."

Alle hatten Verständnis.

„Ne, Hertha, das haben wir uns auch schon überlegt – diesmal wird es was Nützliches sein, und wir werden alle Geld zusammen legen, damit wir gleich etwas Wertvolleres kaufen können."

An besagtem Tag stand Hertha nun an der Tür und empfing ihre Gäste. Es kamen alle, Ulrike trug ein großes Paket.

Strahlend wurde es von Hertha gleich zu den anderen Gaben gestellt. Dann ging's erst einmal ans Kaffeetrinken und Kuchenessen. Beim Geschenke auspacken sahen später alle gespannt zu, und so manches *Ah* und *Oh* wurde hörbar. Endlich war das Paket von Ulrike mit Tochter und Freunden dran. Das „Wertvollere", zu dem sie alle drei zusammengelegt hatten.

Hertha öffnete es aufgeregt: Ein Wasserfilter! Wirklich, ein nützliches Geschenk, fanden alle und auch Hertha. Sie freute sich, hatte doch das wöchentlichen Schleppen der Flaschen endlich ein Ende! Dazu sparte sie auch noch Geld. Ein Supergeschenk, das musste sie zugeben. Große Umarmung: *Danke, danke* – nach allen Seiten.

Wenig später nahm Ulrike sie zur Seite und flüsterte: „Du musst nicht glauben, wir haben da vielleicht jeder mal so fünf Euro bezahlt – ne, der war schon etwas teurer! So um die 50 Euro hat er gekostet, nur, damit du's weißt, wir lassen uns nicht lumpen – das bist du uns wert!"

Alles in allem hatte Hertha, besonders nach dieser Eröffnung, einen schönen Geburtstag.

Doch Wochen später trieb sie die Neugier in das große Kaufhaus in der Stadt, in dem ziemlich viele dieser Wasserfilter herum standen. Sie konnte nicht umhin, sich einen davon genauer zu betrachten und auch das Preisschild anzusehen. Das konnte doch fast nicht stimmen: Da stand tatsächlich genau das gleiche Gerät für nur 15 Euro im Regal!! Ulrike, diese Schlange! Was sollte das Gerede über den hohen Preis? So nicht – nicht mit Hertha! Das würde sie ihr stecken – auf jeden Fall! Ein Anruf war Ulrike nun gewiss, und das schon am nächsten Tag. Sie sprachen vorab über dieses und jenes – doch dann:

„…ach ja, eh` ich es vergesse, liebe Cousine: Ihr habt euch aber ganz schön übers Ohr hauen lassen! Stell` dir vor, der teure Wasserfilter, den ihr mir zum Geburtstag geschenkt habt, kostet in der Stadt doch tatsächlich nur 15 Euro! Wollt ihr da nicht reklamieren? So was kann man sich doch nicht gefallen lassen, Ulrike!"

Ulrike blieb ab jetzt erstaunlich ruhig, eigentlich zu ruhig. Hatte auch irgendwie den Tag voll verplant und eigentlich gar keine Zeit mehr, noch länger zu telefonieren.

„Du, ich ruf` dich die Tage wieder an Hertha – das mit dem Filter, ja äh, ich werde noch mit den anderen sprechen, was wir da tun sollten. Also, ich habe jetzt so gar keine Zeit…".

Das saß vermutlich, Hertha nickte zufrieden, ging in die Küche, griff sich den berühmten Wasserfilter, packte ihn in seinen Karton und verbannte das gute Stück in den Keller. So, die Sache ist für alle Zeit erledigt. Sollte sie sich jedes Mal ärgern, wenn sie ihn sah? Nein, da stand er besser in der Versenkung.

Wir hatten uns neulich getroffen, Hertha und ich. Ein Einkaufsbummel war angesagt und sie beim Anblick des rotgetupften Kleides schwach geworden.

Neunundvierzig Euro – und Hertha hatte nur vierundvierzig Euro dabei. Natürlich lieh ich ihr die fehlenden fünf Euro.

Gut gelaunt gingen wir nach einem Kaffee in der nächsten Eisdiele nach Hause.

Unterwegs machte sie mir einen Vorschlag – sollte ich noch keinen Wasserfilter besitzen – könne ich statt der fünf Euro gern den im Keller gelagerten von Ulrike haben. Ich war nicht abgeneigt, probierte ihn gleich am nächsten Tag aus und bin seitdem tatsächlich begeistert! Kein Schleppen der Flaschen mehr, dabei spare ich noch Geld.

Und Hertha? Sie schleppt immer noch ihre Mineralwasserflaschen wöchentlich zur dritten Etage `rauf. Will sich aber demnächst einen neuen Wasserfilter kaufen – natürlich einen „wertvolleren". Tja, wenn zwei sich streiten …

Die Konfirmation

Da saßen nun alle zufrieden im Garten, blinzelten in die Sonne, auf den Kuchentellern die Reste der Sahnestückchen, von Fliegen umsummt. Jede der jungen Frauen hatte eine Torte mitgebracht, von den restlichen Gästen mit *Oh*- und *Ah*-Rufen begrüßt.

Vorher wurde fleißig in der Kirche gesungen, die Konfirmanden beglückwünscht, dann der Heimweg auf knirschendem Kies gemeinsam angetreten – mit dem Ziel, das Kuchenbuffet zu stürmen.

„Möchte jemand noch einen Kaffee?" Die Hausfrau fragte in regelmäßigen Abständen danach.

Ich lehnte mich zurück – müde vom Tischdecken, Abwaschen, Salat für den Abend zubereiten und anderen Tätigkeiten, wegen der ich schon einen Tag früher angereist war.

Nun konnte auch ich mich ausruhen, lauschte mit geschlossenen Augen den leiser werdenden Gesprächen über Kindererziehung, Autoreparaturen, Hausanbauten und Klatsch über mir unbekannte Personen aus dem Dorf. Langsam wurde das Summen der Fliegen lauter, als das Gemurmel der Gäste, bis – ja bis ich folgenden Dialog vernahm, der mich wieder munter werden ließ:

„... ja, und dann habe ich noch einen Topfkuchen gebacken", meinte Gesine, die Großmutter der Konfirmandin, „so was wird ja immer gern gegessen, da machst du nichts falsch." Beifälliges Nicken der Hausfrauen.

„Also, ich backe da lieber einen Mürbeteigboden, wenn es schnell gehen soll, Gesine", ließ Beate verlauten, die Cousine zweiten Grades.

„Eigentlich ist beides schnell gemacht", hörte ich jetzt Hertha tönen, die sogar zwei Kuchen mitgebracht hatte.

Dann schwiegen sie alle drei ein bisschen. Doch bald meldete sich Beate erneut, diesmal etwas zögerlich:

„Eigentlich wollte ich ja nichts darüber sagen – na ja,

aber da wir jetzt nun mal das Thema ‚*Kuchen*' haben – also, ob ihr es glaubt oder nicht – Angelika hat noch nie einen Mürbeteigboden gebacken!!"

Damit hatte sie glatt Gesine und Hertha aus der Fassung gebracht:

„Das darf nicht wahr sein!!!", erhoben sie derart erschrocken ihre Stimmen, dass die Herren der Schöpfung irritiert zu ihnen hinüber sahen.

Beate musste ihre Eröffnung nochmals bestätigen:

„Doch, es ist wirklich so, meine Lieben – Lilli war neulich genauso erstaunt, wie ihr, sie hat auch nur gemeint:

„Das gibt es nicht!!!"

Fast hätte ich laut gelacht. Herrliche, kleine heile Welt! . . .

Peinlich, peinlich

Sie hatte sich heute besonders „gestylt", meine Freundin Marita. Ein Treffen mit ihrer alten Freundin Ingeborg stand an. Noch ein letzter Blick in den Spiegel: Sie sah wirklich bemerkenswert aus, fast ein bisschen zu bemerkenswert.

Doch das gerade war ihre Absicht. Ingeborg kritisierte sie so gerne, und die Gelegenheit sollte sie ruhig haben. Noch ein Hauch von Puder über die Wangen, ein klein wenig Gezupfe am Haar, ein Blick zur Uhr – die Bahn würde sicher nicht auf sie warten – schnell die Mülltüte mit dem Hausmüll geschnappt – dann fällt die Tür ins Schloss.

Marita steigt in den Fahrstuhl, stellt die durchsichtige Plastiktüte mit dem Müll auf den Boden, rückt ihren Schal zurecht, nimmt dann die Mülltüte mit Zwiebelabfällen, Hähnchenknochen, zwei leeren Weinflaschen und angebranntem Kartoffelbrei beim Halt des Fahrstuhls wieder auf und steigt aus.

Der Weg zum Müllcontainer ist zum Glück nicht weit, denn sie muss diese unappetitliche Tüte schnellstens loswerden, passt sie doch nun wirklich nicht besonders gut als Accessoire zu ihrer imitierten Ozelotjacke!

Plötzlich fällt ihr ein, dass sie den Termin mit Schwiegertochter Sonja völlig vergessen hat, den sie nun umgehend absagen muss. Hastig fingert sie in ihrer Handtasche nach dem Handy.

Toll, diese Erfindung, noch besser, wenn sie auch handtaschengeeignet wäre.

Endlich gefunden, wählte sie die Nummer von Sonja – ein kurzes, um Verständnis bittendes Geplauder:

„Entschuldigung, tschüs, bis nächste Woche!"

Erneuter Blick zur Uhr – schon viel zu spät! Wo Ingeborg doch immer so pünktlich war! Im Eilschritt läuft sie zur Straßenbahn. Da – Endspurt – geschafft! Es ist sogar noch ein Sitzplatz frei! Sie lässt sich pustend darauf fallen, schließt für einen Moment die Augen, schüttelt leicht erstaunt den

Kopf über ihre ungeahnte Fitness und lehnt sich zufrieden zurück.

Merkwürdig – warum sah die Dame ihr gegenüber sie so prüfend an? Ein unauffälliges Nesteln an der Frisur. So, nun war es sicher gut. Doch der Blick dieser Person weilte weiter auf ihr, wanderte sogar an ihr herunter, traf wieder ihren Blick. Marita sah gelangweilt aus dem Fenster, dann wieder in Richtung der sie unverschämt musternden Dame.

Das tat auch ihr Gegenüber: ein Blick aus dem Fenster, dann wieder zurück. Nun sahen sie sich geradewegs in die Augen. Wer würde länger aushalten? Die Dame sah nicht weg. Also tat Marita es endlich und schaute dafür betont desinteressiert den Gang des Waggons entlang.

Das durfte doch nicht wahr sein! Alle, in entgegensetzter Richtung sitzenden, Fahrgäste sahen verwundert zu ihr und musterten sie von oben bis unten. Einige lächelten sogar verschmitzt. Hatte sie sich so auffällig herausgeputzt, dass die ganze Bahn darüber grinste?

Fast war ihr Ziel erreicht. Sie begab sich betont gelangweilt und leicht hüstelnd zum Ausgang, um lieber dort bis zum Halt der Bahn zu warten. Doch was sah sie da im Fensterglas? Sich selbst – fast perfekt gestylt – in der Hand die Mülltüte gefüllt mit – Hähnchenknochen, leeren Weinflaschen, Zwiebelabfällen, angebranntem Kartoffelbrei . . .

Seelentrost

Sie saß da und weinte, Elkes beste Freundin.

„Weißt du, was er gesagt hat? Andere Frauen wären glücklich, ihn zum Mann zu haben. Aber ich hätte ja immer nur zu meckern. Dabei habe ich ihn angehimmelt, das weiß jeder. Blöd wie ich war ..."

Sie schluchzte weiter in ihr Taschentuch, putzte sich dann laut die Nase, sah Elke verschwommen an. Wie kam der das doch alles bekannt vor!

„...und dann hat er sicher noch gesagt, du hättest doch alles gehabt, genug Kostgeld und er wäre nie fremd gegangen", vervollständigte Elke den Bericht von Rita.

„Woher weißt du das? Hat er mit dir gesprochen? Er läuft also in der Gegend `rum und beschwert sich über mich – meine Güte ist das mies!"

Elke muss lachen.

„Ne, hat er nicht. Aber sie haben doch alle den gleichen Text drauf, weißt du das nicht?"

„Willst du damit sagen, Waldemar hatte dir damals das Gleiche erzählt?"

Jetzt lacht sie zaghaft, Elke stimmt ein und holt die Kognakflasche aus dem Schrank.

„So, jetzt gibt es erst mal einen kleinen Seelentröster, dann reden wir noch ein bisschen über Fred und danach machst du Pläne für morgen, Rita."

Rita sieht Elke dankbar an, beginnt plötzlich wieder lauthals zu schluchzen, und Elke hält ihr das Glas unter die Nase, worauf diese brav einen kräftigen Schluck nimmt. Den Abend gestalten sie dann genauso, wie von Elke vorgeschlagen, und Rita geht Stunden später – für den Moment getröstet – nach Hause. Zwei Tage später der Anruf bei ihrer besten Freundin:

„Du, Elke - Fred schafft es nicht ohne mich, ich soll es noch mal mit ihm versuchen. Na ja, ich weiß, was du jetzt denkst – nämlich, dass ich ganz schön blöd bin."

„Stimmt, aber ich war`s ja auch! Das gehört zum Spiel. Wir sprechen uns wieder, wenn du aufgewacht bist – und nicht mehr hinter so einem Macho hertrauerst.“

Elke legt seufzend den Hörer auf und sieht sich jetzt das leicht zerknitterte Foto von Waldemar an, wobei sie sich eine Träne aus dem Augenwinkel wischt ...

Nie wieder Katalog!

Da lag er, der wunderschöne bunte Katalog! Lore blätterte *nur mal so* darin herum und fand vorab gleich allerlei für Damen wie Pullover, Jacken, Hosen und alles, was „frau" so gefallen könnte. Nach den Herren und den lieben Kleinen folgten dann all die wohlbekannten Dinge eines Kataloges, die in einen guten Haushalt gehören, vom Radieschenschäler bis zur Fußbadewanne.

Eigentlich ist es ihr zu umständlich, im Falle des Nichtgefallens dort bestellte Waren wieder zurück zu senden. Doch diesmal – warum sollte es nicht doch mal ohne Rücksendung klappen?

Sie bestellte also einige Pullis und einen Badeanzug per Post und steckte hoffnungsvoll die Karte in den Briefkasten. Nach nur zwei Tagen bekam sie einen Anruf. Sehr nett war sie, die Dame am anderen Ende.

„Tja, sie haben bei uns Ware bestellt – geben sie uns doch bitte noch ihre Kunden-Nummer an." Damit konnte Lore leider nicht dienen, da sie Neukunde war und demzufolge über so eine Nummer gar nicht verfügen konnte.

„Ach, die haben sie gar nicht? Ja, dann muss ich sie weiter verbinden – Moment!"

„Was kann ich für sie tun?" schnarrte es nun nach einem musikalischen Zwischenspiel erneut in ihr Ohr. Schon erzählte sie ihre kleine Geschichte noch einmal.

„Ja gut, wir werden das vermerken und ihnen eine Kunden-Nummer zuteilen."

„Das ist nett – danke!" Wenige Tage später der nächste Anruf:

„Ja, sie haben bei uns etwas bestellt – doch leider haben sie ihre Kunden-Nummer nicht angegeben!" Lore erzählte — nun schon leicht gereizt — erneut ihre Geschichte. Wieder die feste Zusage, ihr eine Nummer zuzuweisen und die Ware zu schicken. Na, endlich, das kann doch nicht so schwer sein! Täglich wartete sie nun auf ihr Paket. Nichts geschah.

Erstaunlicherweise erreichte sie dann ein erneuter Anruf mit einer kleinen Bitte:

„Geben sie uns freundlicherweise noch ihre Kunden-Nummer durch? Wir können sonst nicht liefern."

Sie glaubte, gleich ein bisschen verrückt zu werden und fühlte ihren Pulsschlag in dreifacher Geschwindigkeit schlagen. Doch man verband sie auch jetzt einfach nur weiter, nachdem Lore ein gepresstes:

„Die wollten sie mir schon längst zuweisen!!!" zustande brachte.

Sie befahl sich dann – während „Mozarts kleiner Nachtmusik" vom Band – ab sofort ganz ruhig zu bleiben.

„Ja, bitte?", hörte sie am anderen Ende.

Und sie begann abermals die ihr jetzt flüssig von den Lippen kommende Geschichte – die nun bereits an Länge gewonnen hatte – über ihre wochenlange Warterei auf die Ware und die noch nicht erteilte Kunden-Nummer, zu erzählen.

„Ja, ja, ich verstehe sie vollkommen – also, ich notiere jetzt mal: Was möchten Sie denn gern bestellt?" Lore schnappte jetzt ernsthaft nach Luft und konnte der ihr gar nicht zuhörenden Dame nur noch entgegen brüllen:

„Vergessen sie`s – verdammt noch mal, ich will überhaupt nichts mehr von ihnen, nur das Versprechen, dass sie mich niiieee wieder mit ihren Katalogen belästigen!!!!!"

Völlig erschöpft und einem Kreislaufkollaps nahe legte Lore sich mit einer Wärmflasche aufs Sofa und meditierte darüber, ob sie nicht vielleicht doch die ganze Zeit ungewollt mit diesem Versandhandel chinesisch gesprochen hatte, ohne dieser Sprache mächtig zu sein . . .

Der Fensterblick

Ich ging mal wieder zu Rosa zum „Schnattern". Wir sitzen meist in ihrer Küche, so auch heute. Auf dem Stövchen steht die Teekanne, der frische Apfelkuchen, fast noch warm, duftet durch den Raum. Ein Räucherlämpchen verbreitet den Geruch von Vanille.

Und natürlich stehen Kerzen auf dem Tisch, deren Flammen zitternde Schatten an die Wand werfen. Was haben wir alles zu erzählen und zu kichern! Draußen wird es langsam dunkel. Plötzlich geht Rosa ans Fenster und meint:

„Komm` mal her und sieh' dir das an, Julia – der Typ da drüben in dritten Stock sitzt doch tatsächlich schon wieder vor der Kiste! Das macht der fast 24 Stunden täglich! Ich sehe ihn auch nachts, wenn ich mal ins Bad gehe oder später nach Hause komme. Findest du das normal?"

Ich finde es auch nicht besonders normal, und versuche zu ergründen, warum er nichts anderes tut. Vielleicht ist er einsam, der arme Kerl, gerade verlassen worden, arbeitslos, so dass ihm das Geld für andere Aktivitäten fehlt.

Oder er ist geschieden und kann den Unterhalt für die Kinder nicht bezahlen, darf sie deshalb nicht sehen und sie fehlen ihm. Traurig bleibt ihm nur der Blick in den Fernseher – oder fühlt er sich in unserer Stadt nicht besonders wohl, und deshalb interessiert ihn nichts?

Sollte man sich vielleicht um ihn kümmern? Irgendwie tat er mir leid. Doch das nicht mehr lange, denn Rosa erzählt mir gleich darauf, dass er sich neulich am Fenster die Nase platt drückte, als sie sich, nur mit kessem Nachthemdchen bekleidet, ein Glas Saft aus dem Kühlschrank holte.

„Aha, sooo einer ist das also – Rosa, mach` sofort das Rollo `runter!" . . .

Bahnhof

Sie steht am Bahnhof. Noch zehn Minuten, dann ist er hier – der Zug mit ihm – um 8.10 Uhr aus Köln. Noch neun Minuten. Was brüllt der da aus dem Lautsprecher? Der Zug aus München hat Verspätung? Und wenn schon? Sie wartet auf den aus Köln. Noch acht Minuten. Sie friert, schlägt ihren Schal eng um den Hals, putzt ihre Nase. Die Zeit scheint stehen zu bleiben – immer noch acht Minuten.

Was ist los mit der Zeit? Will sie nicht, dass man sie beobachtet? Bleibt sie deshalb einfach stehen?

Sie kann doch nicht einfach verschwinden und uns alle verlassen! Was machen wir ohne sie? Wahrscheinlich käme er dann nie an mit diesem Zug um 8.10 Uhr aus Köln. Denn niemand hätte ihn eingeplant, weil es auch ihn nicht mehr gäbe, den Fahrplan. Oder doch? Nur, einer ohne Zeiten hätte uns eigentlich fast nichts zu sagen.

Ach, da ist er ja doch schon! Pünktlich um 8.10 Uhr – der Zug aus Köln!

„Hallo, Martin, hier bin ich!" . . .

Rutschgefahr

Diesmal wird Weihnachten ganz anders sein! Endlich können sie mal so richtig quatschen, sie und Lisbeth, ihre Freundin seit Ewigkeiten. Sie hatte sich wieder bei Hilde in Hamburg gemeldet nach jahrelangem Aufenthalt in Australien. Jetzt, wo sie Witwe war und Bills Grab in der Ferne blieb. Lisbeth war nach Itzehoe gezogen, in den Ort ihrer Jugend.

Hilde hatte schon die Fahrkarte Hamburg-Itzehoe gekauft, den Koffer fast gepackt, alte Fotos herausgesucht und ihre Kinder vertröstet, dass sie nun dieses Jahr nicht kommen würde – sie wollte Weihnachten mit Lisbeth verbringen, sie ein bisschen über Bills Weggang trösten. Leises Pfeifen begleitete unerwartet ihr Werkeln. *Das kann doch einen Seemann nicht erschüttern ...,* kam es leicht von ihren gespitzten Lippen. Dass sie das noch konnte!

Dabei fiel ihr wieder ein: Genau das hatten sie damals immer gepfiffen, wenn irgendwas schief ging, ein Knabe nicht zum Stelldichein erschien, eine Arbeit misslang oder sich Ärger zu Hause wegen ihres Zuspätkommens ergab. Kleine Tragödien, die sie heute nur belächeln konnten, das Leben hatte sie ganz anders gebeutelt. Sie freute sich. Schöne Tage werden sie mit ihren Erinnerungen haben, sie und Lisbeth.

Gleich morgen früh würde es losgehen mit dem Zug um 7.20 Uhr von Hamburg nach Itzehoe, heute Abend gab es nur noch einen kleinen Imbiss. Sie hatte vorsorglich den Kühlschrank geleert, wollte das gute Stück zur Sicherheit lieber während ihrer Abwesendheit ausschalten.

Hilde setzte sich mit ihren Abendschnittchen ins Wohnzimmer, stellte den Fernseher ein, schmunzelte über Reportagen hastender Geschenke-Einkäufer und sah nach den Nachrichten später die Wetterkarte.

„... darum sollte man möglichst aufgrund der spiegelglatten Straßen das Haus nicht verlassen".

Wie? Es war glatt draußen?

Sie eilte auf den Balkon – sah mit Schrecken ihre sich gerade an der Hauswand entlang tastende Nachbarin Frau Helms! Es stimmte also tatsächlich! Und jetzt? Der Kühlschrank war leer und sie konnte bei der Glätte nicht einmal auf die Straße zum Einkaufen, geschweige denn diese Reise nach Itzehoe antreten!

"... wird es in den nächsten Tagen auch keine Wetterbesserung geben."

Hilde war entsetzt. Das sollte Weihnachten sein? Sie allein, Lisbeth ebenfalls, und dazu hatte sie noch ganz umsonst auf den Besuch bei den Kindern verzichtet. Eine kleine Träne stahl sich aus ihrem Augenwinkel.

„Mist, Mist, Mist!!" murmelte sie nun richtig wütend vor sich hin, griff zum Telefonhörer und teile ihre Enttäuschung mit Lisbeth.

Ihr kleines *Das kann doch einen Seemann nicht erschüttern...* konnte sie jetzt auch nicht trösten, sie stimmte es gar nicht erst an.

Hilde fand gerade noch einen Rest Moselwein in der Speisekammer, schenkte sich ein Glas ein und trank es jetzt nun schon nicht mehr ganz so wütend aus.

Vielleicht waren noch ein paar Kartoffeln im Keller? Heiligabend mit Bratkartoffeln, warum nicht? Dazu ein Hering aus der Dose, ein Glas stilles Wasser aus der Leitung und zum Nachtisch eine kleine Dose Stachelbeeren. Fast musste sie nun wieder weinen, schimpfte dann mit sich selbst:

Hilde, nimm` dich zusammen – ist alles nur Selbstmitleid! Sie ging durchs Treppenhaus, wollte zu den Kartoffeln im Keller und bekam einen leichten Schreck, als Frau Krummbiegel aus der Wohnung unter ihr die Tür öffnete:

„Was sagen sie zu diesem Glatteis, Frau Schneider? Wir sind ja nun völlig aufgeschmissen. Wenn sie wüssten ... vermutlich reicht unser Gänsebraten bis Ostern. Drei Gäste hätten wir gehabt – drei Gäste! Meine Nichte Gesa, meine Schwester Gesine mit Schwager Max. Drei Personen, die gerne essen.

Nun der Anruf von Max, sie könnten nicht kommen bei diesem Glatteis. Was glauben sie, was ich eingekauft habe? Man will sich ja nichts nachsagen lassen. Und schon gar nicht von diesem Max. Jetzt sitze ich da mit dem ganzen Kram. Was glauben sie, wie Edwin sich aufgeregt hat. Mein lieber Mann tut jetzt gerade so, als wenn ich Schuld am Glatteis bin."

Um ihren Redestrom in einer Atempause zu unterbrechen, erzählte Hilde schnell über ihre eigenen Aussichten zu diesem Weihnachtsabend, wobei Frau Krummbiegel ganz aufmerksam zuhörte.

Plötzlich erhellte sich ihr Gesicht:

„Frau Schneider, ich hab`s: Wir feiern Weihnachten einfach zusammen!! Das ist überhaupt die Lösung für meinen Gänsebraten und Edwins schlechte Laune!! Kommen sie doch einfach morgen Abend zu uns!!"

Hilde wusste nicht, was sie sagen sollte! Vielleicht war das wirklich die Lösung. Zögernd stimmte sie zu, trat den Rückweg an und vergaß die Kartoffeln im Keller.

Auch ihr kleines Gastgeschenk war dem Glatteis angepasst: der zurückgebliebenen Eiskratzer von Gustav aus der Zeit, als dieser sich noch ihrer Gunst erfreute, in wunderschönes Geschenkpapier gewickelt . . .

Die Badehose

Er saß am Steuer, lächelte sie an: „Endlich Urlaub, Utchen!" Nun fuhren sie also in Richtung Italien, wollten sich mal so richtig treiben lassen. Auch Ute war guter Stimmung, sie lächelte zurück.

„Wir werden uns richtig erholen, italienische Strände und italienische Sonne, dazu Rotwein und Pasta – Utchen, was sollte uns noch fehlen?" Er tätschelte ihr Knie und sein Blick folgte dem Lauf der Autobahn.

Wie geträumt verliefen ihre Tage, Abende und Nächte. Manfred und sie lagen fast jeden Tag am Strand. Sie hatten endlich Zeit zum Lesen, sprachen über Dinge, für die sonst kein Platz war und hatten sogar Muße, die Nachbarn neben sich, vor sich und hinter sich am Strand zu beobachten.

Dabei stellte Ute verwundert fest, dass eigentlich fast alle Italiener schlank, gepflegt und körperbewusst waren. Italiener und Italienerinnen, alte und junge, Männer und Frauen. Was machten die? Ute kam ins Grübeln. Waren es die Gene, das Klima, die Mentalität oder gar die Ernährung? Oder vielleicht alles zusammen?

So langsam schwand ihre gute Laune – was war mit ihren Röllchen an den Hüften, den prallen Oberschenkeln – deutete sich da nicht bereits ein kleines Bäuchlein an? Seit einiger Zeit tröstete sie sich mit dem ersten Satz aus dem Roman eines bekannten Schriftstellers:

Jede wirklich schöne Frau hat einen kleinen Bauch. Das sollte sie doch eigentlich beruhigen. Wenn es doch sogar ein Schriftsteller sagte? Ute sah zu Manfred.

Hatte er es noch nicht bemerkt? Was war denn mit seinem kleinen Bauchansatz? Irgendwie schwabbelte der doch schon leicht über den Bund seiner Badehose.

Sie legte sich zurück, schloss die Augen und überlegte, ob sie ihn von dieser Feststellung informieren sollte. Lieber nicht. Sie beobachtete Manfred, wie er stirnrunzelnd in der Zeitung las.

„Du – in Deutschland regnet es fast überall, schreiben sie hier." Er grinste schadenfroh.

„Ja, und ich habe jetzt schlechte Laune", musste sie einfach verlauten lassen.

„Utchen, was ist denn los?" *Utchen* zögerte, doch wollte sie den Grund für ihre trübe Laune nun doch nicht für sich behalten.

„Italienerin müsste man sein, Manne – die sind schlank, brauchen keine Diät, die können alles tragen – und ich? Mist!"

Manfred lachte schallend.

„Utchen, ich liebe dich so, wie du bist. Wo ist das Problem?"

Er ging nicht weiter auf sie ein, wollte sich den Urlaub nicht mit derlei Bedenken verderben, um dann vielleicht weniger essen zu dürfen.

Doch *Utchen* war die letzten Tage nicht mehr ganz so fröhlich, sah mit verstohlenen Blicken zu den schönen Frauen dieses Landes, blickte an sich herunter und seufzte so leicht, dass Manfred es nicht hörte.

Wie ging es ihm doch gut! Nichts konnte ihn erschüttern, nicht seine Rettungsringe, nicht sein kleines Bäuchlein und auch nicht der Anblick der Nachkommen Apollos. Manfred war rundum zufrieden.

Drei Tage noch, dann war auch dieser Urlaub zu Ende, wie jedes Jahr. Ute überlegte schon mal, ob eine Reise in die Türkei nicht fröhlicher machen würde und dachte dabei an wohlbeleibte Bauchtänzerinnen, bei denen ihr Problem dann sicher keines mehr war. Ja, da könnte sie sich wohl fühlen!

Sie hatten, zu Hause angekommen, noch das ganze Wochenende Zeit, ehe es Manfred wieder zur Pflicht rief.

Den Einkaufsbummel schlug dann er vor. Ute hakte ihren Mann unter, und so machten sie die Kaufhäuser unsicher, bis er plötzlich vor einem Berg Badehosen stehen blieb. Sofort begann er wie wild darin herum zu wühlen.

Ute half fleißig mit, suchte grüne, blaue und braune Hosen

für ihn aus. Doch Manfreds Kommentar war jedes Mal:

„Ne, die nicht!" er schien etwas Bestimmtes im Auge zu haben.

Dann entschloss er sich plötzlich ganz schnell für ein Teil, ergriff das Objekt seiner Wahl und lief in Windeseile mit ihm zur Kasse: der Badehose mit den ausgeprägten Längsstreifen, die ja bekanntlich schlank machen sollen . . .

Baujahr 88

Ja, er wartet doch tatsächlich da unten auf mich wie ein treues Pferd vorm *Saloon* im Western mit *John Wayne* – und das, so lange ich es will! Mein neuer, alter Mercedes!

Stolz versucht der Stern am Ende der Motorhaube seine Balance zu halten, was ihm nicht besonders leicht fällt. Ich überlege, ob der so schräg stehen muss oder nur Aufmerksamkeit erregen will? Soll er doch! Steht ihm zu.

Trotzdem ist das Auto mir fremd – ihn trennen Lichtjahre von meinem alten Golf, der mir das Ende unserer Beziehung sicher nicht verzeihen wird – die ich nun für diesen Angeber einfach aufgegeben habe!

Hat er mir doch für eine lange Zeit seine Treue und Zuverlässigkeit bewiesen. Könnte ich ihm vorwerfen, dass der Motor, sein Herz, das eine lange Zeit nur für mich schlug, auch nur einmal nicht angesprungen ist? Bei Wind und Wetter, er startete auf Anhieb und brachte mich, manchmal auch leicht knatternd, dahin, wo immer ich hin wollte. Ich durfte gar nicht daran denken, wo seine letzte Fahrt enden würde. Mein Blick geht erneut zu meinem neuen Freund. Alles fremd – von innen, von außen, vom Scheinwerfer bis zum Kofferraum.

Fremdes Fahrgefühl brachte mich hierher und wird mich auch noch ein paar Tage begleiten. Doch bald schon wird auch er mir vertraut sein, der neue, alte goldfarbene Mercedes Baujahr 1988, schon ziemlich verbraucht, doch sicher von mir auch bald freudig begrüßt . . .

Frohe Weihnachten!

Das würde sicher ein netter Nachmittag werden. Ilse hatte Marita für den ersten Weihnachtstag eingeladen. Ilse, die ehemalige Schulleiterin einer Gesamtschule, jetzt als Immobilienmaklerin tätig, war ziemlich betucht und bewohnte eine wunderschöne Penthouse-Wohnung. Sehr lange waren beide noch nicht bekannt.

Nun war sie also bei ihr eingeladen. Sicher würde sie Marita mit Lachs, Champagner, exquisiten Plätzchen und Mokka aus Mokkatässchen verwöhnen. Marita machte sich Gedanken: Was könnte sie ihr als kleines Präsent mitbringen?

Dann hatte sie die zündende Idee: Jemand, der alles hat, dem muss man was Besonderes schenken, dachte sie sich. Somit besorgte Marita einen Strauß kleiner Röschen und eine Teekultur mit Rezept, nett verpackt, etwas für Ilses Gesundheit, schließlich kränkelte die so hin und wieder. Marita machte sich so ihre Gedanken: Eventuell könnte sie sich ja später mal als Ilses private Gesundheitsberaterin nützlich machen, da die Behebung kleinerer Zipperlein Maritas Hobby war. Vielleicht würde dies schon der Anfang einer wunderbaren Freundschaft sein, hoffte sie.

Nun also war es soweit. Zu diesem Anlass bemühte sie sich, besonders nett auszusehen. Auch ihr Make-up war perfekt. Pünktlich machte sie sich auf den Weg. Hier, Haus Nummer 13, Im Wiesengrund, wohnte Ilse.

Der Fahrstuhl brachte Marita sanft gleitend zur dritten Etage. Erwartungsvoll stand sie vor Ilses Tür, das Geschenkpapier ihres Mitbringsels knisterte verhalten und sie zupfte an ihrem Schal. Ilse öffnete:

„Ach, hallo, komm` doch `rein!", begrüßte sie Marita strahlend und etwas zu schrill. Die legte ihre Garderobe ab, nachdem sie die Teekultur und die Blümchen mit entsprechender Anmerkung überreicht hatte.

Etwas achtlos landete das Geschenk in der Küche. Ilse führte sie ins Wohnzimmer, setzte sich in einen mit unzähligen Kissen versehenen Schaukelstuhl, ließ durch eine lässige Handbewegung erkennen, dass auch Marita sich setzen sollte. Dann berichtete sie als Einleitung – leicht vor sich hinschaukelnd – von ihren diversen Krankheiten. Marita nickte verständnisvoll, versuchte hin und wieder einen Rat zu geben, woran sie dann doch Ilses Redeschwall hinderte.

Nachdem es nun langsam dunkelte, kam sie auf die brillante Idee, etwas Licht zu machen. Dazu kündete sie an, eine Kerze im Fenster entzünden zu wollen, um ein wenig *Festbeleuchtung* zu zaubern, wie sie es nannte. Allmählich rutschte Marita unruhig auf ihrem Stuhl herum, sehnsüchtig an den Duft von Kaffee denkend.

„Ich werde jetzt einen Kaffee für uns aufsetzen, Marita", sie schien ihre Gedanken erraten zu haben.

„Meine Mutter hat vom letzten Besuch noch Kuchen hier gelassen, den werden wir jetzt auch gleich verputzen," erklärte sie noch fröhlich.

Welch viel versprechende Aussichten! Kurze Zeit später standen zwei Tassen, Milch, Zucker und ein Teller mit Kuchenresten auf dem Tisch. Marita war leicht pikiert, ließ sich allerdings die Enttäuschung nicht anmerken und trank dann vom *Blümchenkaffee* eben eine Tasse mehr, würgte an dem schon zerbröckelten Butterkuchen herum – von *Verputzen* konnte keine Rede sein – und dachte an ihre leckeren Weihnachtsplätzchen zu Hause.

In all diese Gedanken hinein plapperte Ilse lustig über erlauchte Bekannte, die angeblich alle ihre Gesellschaft suchten. Ob sie denen auch auf diese Art die Besuche versüßte? Oder waren die vielleicht genauso geizig? Marita kam aus dem Grübeln nicht mehr heraus, wurde nur ab und zu von Ilses schrillen Kichereien unterbrochen, zu denen sie dann milde und müde lächelte.

Irgendwann war es Zeit, einen abendlichen Imbiss einzunehmen. Diese Zeremonie schlug nun dem Fass den Boden aus: Ilse deutete Leckeres vom Weihnachtsessen ihrer Mutter an.

Sie hätte da neben dem Butterkuchen noch Weiteres mitgebracht, wie sie ihr verriet. Viel erwartete Marita allerdings nicht mehr, nach der kärglichen Kaffeetafel. Doch übertraf das Abendessen nun alles, was sie je erlebt hatte!

Ilse bat sie in die Küche, holte einen Topf aus dem Kühlschrank, auf dessen Boden sich noch ein Rest des wahrscheinlich köstlichen Fischgerichts befand, bot ihr an, doch gleich aus dem Topf das sich dort noch Befindliche zu essen – es wäre eben einfach praktischer – und reichte ihr dazu Brot, das zwar nicht besonders frisch war, *aber man schließlich immer erst das zuerst gekaufte essen solle,* wie Ilse erklärte. Die Gute, war sie nicht umsichtig?

Doch war das noch nicht alles, was Marita ertragen musste: Sie durfte bei diesem opulenten Mahl sogar stehen bleiben! Ilse setzte sich auf den einzigen Stuhl in diesem Raum, genoss andere nicht verwendete Köstlichkeiten aus Mutters Küche und hatte wahrscheinlich das Gefühl, Marita rundum den Weihnachtstag versüßt zu haben. Nachdem Marita noch ein Höflichkeitsschlückchen des einfachen Tafelweins genossen hatte, konnte sie nicht umhin, sich endlich zu verabschieden. Ilse hatte nichts dagegen und brachte sie fröhlich zur Tür, trällerte noch ein munteres:

„Komm gut nach Hause – wir sehen uns bald wieder, liebe Marita!!", durchs Treppenhaus hinter ihr her.

Das dachte sie sich so – Marita würde d i e vorerst bestimmt nicht wieder besuchen! Auf dem Nachhauseweg konnte sie fast alles verstehen, nur sich selbst nicht mehr. So wenig, dass sie sogar enttäuscht zu heulen begann! Warum hatte sie sich das bieten lassen!

Marita fiel plötzlich die Geschichte ein, die ich selbst ihr über Ilse erzählt hatte: Auch ich war vor einiger Zeit – übrigens auch das letzte Mal – einige Stündchen bei Ilse, um ihre Korrespondenz über den PC zu erledigen.

Später hatte ich mich dann erwartungsvoll verabschiedet. Der sonst von Ilse schweren Herzens überreichte geringe Stundenlohn blieb an diesem Tage allerdings ganz aus –

vermutlich weil es ein Sonntag war – doch dafür drückte sie mir strahlend mit der Bemerkung:

„Heute will ich dir mal was Gutes tun!!", ein Döschen mit Diät-Mandarinen in die Hand.

Verdutzt hatte ich damit zu tun, nicht vor Schreck über die großzügige Gabe die Treppe hinunter zu fallen. Was ich dann später darüber vor mich hinmurmelte, möchte ich an dieser Stelle nicht wiederholen ...

Zurück zu Marita: Sie beschleunigte ihren Schritt durch die weihnachtliche Dunkelheit, erreichte schon bald ihre weniger komfortable, dabei aber viel gemütlichere Wohnung und kochte sich gleich einen Kaffee, und zwar einen richtigen, aß dazu leckere Plätzchen und freute sich auf das verspätete Abendessen mit Lachsschnittchen und einem edlen Tröpfchen. Aus dem Radio erklang: *Oh du fröhliche* und das war sie jetzt auch. Fröhlich allein schon darüber, nicht mehr bei Ilse sitzen zu müssen ...

Regen

Ich stehe am Fenster und sehe auf die Straße, es regnet.
Klack – ein Schirm geht auf, die Schritte werden schneller, Mann oder Frau? Der Schirm hat alles viel zu schnell
verdeckt. Nun folgt das Mädchen, die schwere Schultasche
scheint ihm den Rücken zu verbiegen. Warum dürfen die
nicht ihre Bücher in der Schule lassen? Die Frau in schwarzer Hose sucht in ihrem Beutel herum, was sucht sie? Sicher
ihren Schirm.

Muss der schnelle Mercedesfahrer so durch die Pfütze
preschen? Was die kleine alte Frau da wohl hinter ihm hergemeckert hat? Ich sehe nur, wie ihr Mund sich mal ganz
weit und dann wieder weniger weit öffnet.

Ach – da! Das schafft der Typ doch nie – vor dem LKW
noch über die Straße zu laufen! Achtung! – will ich fast rufen, da steht er schon still mit seinem Gipsbein – und der
LKW auch. Ein alter Mann droht dem Fahrer mit seinem
Krückstock – ach ne, *Gehhilfe* sagt man jetzt dazu.

Wo geht sie denn nun hin mit ihrem Einkaufsbeutel, Frau
Schmidt aus dem Nebenhaus, die Geschäfte haben doch
schon alle zu? Meine Güte, der Regen hat sich jetzt langsam
in einen Wasserfall verwandelt, es gießt aus jeder Wolke!

Der fegt vielleicht um die Ecke, jetzt fliegt ihm doch glatt
die Baseballmütze vom Kopf, fast über die ganze Straße! Ha,
nun ist es ihm wohl zu peinlich, ihr auch noch hinterher zu
laufen. Kann ich verstehen.

Hatte mal eine Freundin, der ist die gleiche Peinlichkeit
passiert. Sie hat ihren entschwebenden Schirm doch glatt
ignoriert und sich nass regnen lassen. Wir anderen haben uns
natürlich kaputt gelacht. Ach, ist es nicht gemütlich hier in
meinem warmen Zimmer mit Duftkerze und leiser Musik?
Was geht mich jetzt die Welt da draußen an?

Noch ein letzter Blick – ach ne! – Antje, die hat mir gerade
gefehlt, nun winkt sie auch noch `rauf!

Es gibt kein Entrinnen, ich drücke den Klingelknopf …

Diva

Man hatte atemlos ihrer Arie gelauscht. Dann nur kurze Stille – die berühmte Stecknadel hatte keine Zeit zu Boden zu fallen – tosender Applaus ließ das Opernhaus fast aus den Fugen geraten.

Molly war nicht mehr ganz jung. Pölsterchen zierten ihre Hüften, die Frisur mit einem Haarteil aufgepeppt, die etwas zu kurz geratene Figur durch hohe Pumps gestreckt, so war sie doch ganz zufrieden.

Sie verbeugte sich, dabei spürte sie das Polster ihrer linken Schulter, das ihr in diesem Moment in den Nacken gerutscht war. Wenn das bloß keiner sah! Bloß keine seitliche Drehung machen, das Ding könnte als kleiner Buckel gedeutet werden.

Erneute Verbeugung, der Jubel schwoll nochmals an, sie sah die Köpfe der Zuschauer in der ersten Reihe nur vage und fühlte, wie ein Schweißtropfen an ihrer Nasenspitze hing, um vermutlich gleich herunter zu fallen.

Ihr leicht verkrampftes Lächeln traf den Bürgermeister dieser kleinen Stadt. Auch er saß in der ersten Reihe und würde sie sicher gleich zu einem Glas Champagner einladen.

Ihre Handbewegungen waren jetzt ausladend, sie warf den Kopf in den Nacken, um auch die Zuschauer auf der Empore grüßen zu können. Dabei fiel er endlich herunter, der kleine Schweißtropfen – von ihrer Nasenspitze. Es hatte sicherlich niemand bemerkt, vermutete sie.

Nun galt es nur noch, das Polsterproblem zu lösen. Doch es schien sich jetzt nicht mehr vom Fleck zu rühren, an irgendetwas fest zu hängen – zu ihrer Freude. Molly entdeckte allerdings plötzlich, dass sich überdies ihr Haarteil zu weit in die Stirn neigte.

Wieso hatte Helga das Ding vorhin in der Garderobe so unsorgfältig befestigt? *Vielleicht sollte ich sie entlassen, das dumme Ding, es ist nicht ihre erste Nachlässigkeit* – war ihre Gedanke. Der dritte Vorhang fiel und Molly hatte sich das letzte Mal verbeugt. Doch diesmal ganz vorsichtig mit Blick zum Boden in der Angst, das Haarteil gleich aufheben zu müssen.

Sie hatte Glück – nichts passierte. Die Diva verschwand hinterm Vorhang, eilte in Richtung Garderobe, um des Bürgermeisters hastigen Schritten zu entkommen.

Schnell den Blick in weite Ferne schweifen lassen, ihn übersehen und dann zielstrebig in die Umkleide entweichen, war ihr Ziel. So durfte der Herr Bürgermeister sie nun wirklich nicht sehen, erst musste sie alles richten.

Wenig später stand sie ihm dann – dem Ratsherrn –mit prachtvoller Frisur, perfekt sitzendem Kleid und frisch gepuderter Nase gegenüber. Ihr umwerfendes Lächeln ermutigte ihn:

„Gnädige Frau – wenn ich mir erlauben darf: Niemand ist so vollendet wie sie – wie wär`s mit einem Gläschen Champagner? " ...

Die Lust des Essens

Es gab Eintopf mit Suppenfleisch. Karin hatte das Essen fast fertig, nahm ein Stück des von Fett triefenden, dampfenden Fleisches aus dem Topf und legte es in eine flache Schüssel. Ich sah ihr dabei zu.

Nun begann sie den Tisch zu decken, grüne Teller und bunte Gläser, eine Kanne mit frisch gepresstem Traubensaft. Gleich würde sie die Kinder rufen, deren Lärmen in der Küche zu hören war.

Doch da öffnete sich schon leise die Tür. Ihr Tinchen stand vor ihr, angelockt von der Aussicht, naschen zu dürfen. Dafür unterbrach sie gern das Spiel mit den anderen. Ihr fröhliches Gesichtchen war erhitzt, sie pustete sich eine blonde Locke aus der Stirn. Die Hände kündeten von der Schatzsuche tief unten in der Sandkiste. Der Anblick des Fleisches begeisterte sie.

„Mama, darf ich das Fette?" Ohne eine Antwort abzuwarten, krabbelte sie auf einen Stuhl, entfernte mit einem für sie viel zu großen Messer ungeschickt die Fettschicht rund ums Fleisch, schnitt sie in kleine Teile, und dann begann sie mit ihrer kleinen, schmutzigen Hand genüsslich Stück für Stück in den Mund zu schieben, während triefendes Fett durch ihre Finger lief und eine helle Spur hinter sich herzog.

Tinchen verzichtete beim Kauen dieser Köstlichkeit darauf, den niedlichen Kirschenmund zu schließen.

Ich sah, wie die immer mehr zu einem Brei werdenden Fettstücke von ihren kleinen Zähnen zermalmt wurden und sich einen Weg durch die Zahnlücke suchten. Ihre Lippen glänzten. Ein kleines Rinnsal der fettigen Flüssigkeit lief über ihr Kinn und blieb in einem Tropfen an ihm hängen. Langsam wurde er größer, fiel herunter auf ihren Pulli mit den Teddybären, gefolgt von einem neuen, der den gleichen Weg ging. Ihm folgten noch viele Tropfen.

Mit Wonne aß Tinchen sämtliche Fettstücke auf. Mit Bedauern stellte sie dann das Ende des Vergnügens fest und

fuhr sich mit dem Teddybären-Ärmel über den Mund. Um
das Ganze abzurunden, trank sie ein Glas Wasser hinterher.
Mir drehte sich der Magen um ...

Ein Versuch

Sie war unfreundlich, bediente die Leute schnippisch. Noch drei Kunden vor Anna. Mal sehen, ob sich ihre Stimmung gebessert hat, bis sie an der Reihe war.

„Geben sie mir doch bitte das Gersterbrot, wenn es noch frisch ist."

„Bei uns ist immer alles frisch, junger Mann – das sollten sie wissen".

„Nö, woher?" fragend sieht er sie an.

„Unverschämtheit", murmelt sie vor sich hin.

Dann die Nächste, eine alte Dame aus der Nebenstraße.

„Wenn sie mir die zwei Körnerbrötchen geben würden? Bisschen klein sind die ja."

„Biiittteee" klingt es scharf zurück, diesmal ohne Kommentar, während die Brötchen über die Theke gereicht werden.

Dann noch der Kleine mit der Rotznase, der nur das Kekstütchen möchte. Die Sache geht auch ziemlich wortlos über die Bühne.

Nachdem sich die drei Personen unter Klingeln der Türglocke verabschiedet hatten, war Anna dran. Sie würde nicht kritisieren, hatte sie sich vorgenommen, blickte dafür verständnisvoll, sagte der Herrscherin über ein Meer von Brötchen, wie tüchtig sie doch sei, bei all den Wünschen der Kunden!

Ein Lächeln und eine Rumkugel extra zum Vollkornbrot waren ihre Belohnung. Anna lächelte zurück, wendete sich zur Tür – noch draußen hörte sie das leise Bimmeln der Glocke . . .

Kleine Röschen

Wahre Liebe währet ewig – so stand es in goldener Schnörkelschrift auf dem Grund der alten Salatschüssel, wunderschön und weiß war sie, der Rand ein Porzellangitter, in der Mitte – unter dem sinnigen Spruch über die Liebe – eine große Rose in zartem Rot. Um sie herum kleine Röschen im Kreis – alles umgeben von Blättern in kräftigem Grün, dazwischen Goldstreifen, die sich bei den Röschen wieder trafen – so sah sie einmal aus.

Heute ist der Glanz der Goldstreifen verblasst. Fast alle Röschen nur noch schwach sichtbar, die große Rose in der Mitte lässt sich in ihrer Schönheit nur noch ahnen. Sicher ist diese dekorative Salatschüssel zu oft aus der Vitrine genommen und nach grober Verschmutzung aller Röschen wieder hineingestellt worden, nachdem sie sich jedes Mal einem Bad aus Spülschaum unterziehen musste.

Sogar eine kleine Ecke vom Rand ist heraus gebrochen. Zum Glück fällt es nicht so sehr auf. Vermutlich hatte es jemand irgendwann einmal sehr eilig damit, die Schüssel wegzuräumen, und dabei ist es dann passiert. Unsere Schüssel ist vermutlich trotzdem froh, die vielen Jahre mit so wenigen Blessuren überstanden zu haben.

Sicher ist es anderen Artgenossen viel schlimmer ergangen. Den Rest ihrer Tage wird sie in Sicherheit, etwas weniger Farbe und einer abgebrochenen Ecke auch noch überstehen, bevor man sie in den Porzellanhimmel, ins Nirwana der Salatschüsseln oder einfach nur in den Mülleimer befördert . . .

Als ich träumte . . .

Lenkte ich ein Auto. Wieso konnte ich das ohne Führerschein? Oder hatte ich den schon?

Vor mir die Landstraße, ein graues Band gewunden durch Felder und Wiesen. Weiße Markierungsstreifen fliegen seitlich unter mir vorbei, über mir begrenzt der Himmel meine Sicht, hellblau, durchzogen von kleinen Wölkchen bestrahlt von Millionen kleiner Sonnenstrahlen.

Da, eine Kurve, ich nehme sie elegant und empfinde ein Gefühl von Schweben, einen Geschwindigkeitsrausch. Ich bin die Herrscherin über diese vier Räder – glaubte, jeden Moment abzuheben.

Fest in den Sitz gepresst sind mir alle Funktionen bekannt. Das Lenkrad gehorcht mir, die Fahrt scheint endlos. *I`m sailing* ertönt es wie von tausend Geigen um mich herum. Ich hoffte, diese Fahrt würde nie vorbei sein ...

Als ich erwachte:

... tat der Wecker nur seine Pflicht, ich gehorchte ihm und stand auf. Langsam setzte sich ein Mosaik aus Gedanken für den heutigen Tag in meinem Kopf zusammen.

Um zehn Uhr sollte ich mal wieder meine *Fahrunkünste* beweisen. Das fiel mir leicht! Dabei war doch alles so einfach, mein Fahrlehrer hatte es mir häufig erklärt:

„Fahren sie einfach so, als wären alle anderen Verkehrsteilnehmer Idioten!"

Ich weiß nicht, ob ich das nur auf die anderen beziehen durfte? Mit Bangen machte ich mich nun erneut auf den Weg, fuhr später mehr schlecht als recht meine Übungsstunde, verärgerte zwischendurch meinen Fahrlehrer und war mal wieder ganz sicher, diese traumhafte Lizenz – den Führerschein – nie zu erhalten – und wollte an *I`m sailing* mit aus tausend Geigen schon gar nicht mehr denken ...

Jeden Abend ...

Jeden Abend das gleiche Ritual: Nachdem ich brav meine Zähne geputzt, die Augenfältchencreme in die entsprechenden Winkel getupft und natürlich nach gründlicher Gesichtsreinigung die Nachcreme aufgetragen habe, öffne ich die Balkontür in der Küche, lasse die Schlafzimmertür ebenfalls offen und schließe das dazugehörige Fenster wegen des Durchzugs.

Danach wird der Radiowecker gestellt. Dann endlich komme ich zur Ruhe, rolle mich zu einem Embryo ein, wobei es für meinen geruhsamen Schlaf unbedingt erforderlich ist, die Ohren zu bedecken. Ob sie es die ganze Nacht bleiben, entzieht sich meiner Kenntnis. Bekanntlich dreht sich der Mensch cirka fünfzigmal in der Nacht, somit wird meine Bettdecke dem wahrscheinlich nicht gewachsen sein – und hin und wieder das eine oder andere Ohr freigeben.

Zu guter Letzt wende ich mich meinem jeweiligen Problem zu, dass ich an diesem Abend während des Hineingleitens in süße Träume schnell noch lösen will. Es gibt dazu natürlich die unterschiedlichsten Themen. Mal überlege ich mir, ob ich schon morgen tanken muss oder meine Erledigungen noch mit dem Rest der Tankfüllung schaffe, ob der Besuch beim Zahnarzt verschoben werden kann, um lieber den geplanten Besuch bei einer Freundin zu machen, die immer so leckeren Kuchen backt.

Es ist sogar schon vorgekommen, dass ich darüber sinnierte, mit welcher Entschuldigung ich den Kurs bei der VHS schwänzen könnte, um mit jemandem von Wichtigkeit ein Date zu haben. Doch in den meisten Fällen verwerfe ich solche Gedanken sofort wieder und erinnere mich an mein Pflichtbewusstsein. Sollte ich mal zu keiner Lösung kommen, weil ich vorzeitig in andere Gefilde entschwebe, tröste ich mich damit, dass der nächste Abend zum Grübeln unter der Bettdecke ganz sicher auch für mich stattfindet ...

Reisende

Mein Zug von Hannover nach Hamburg wird in zwanzig Minuten einlaufen. Bis dahin habe ich Zeit für ein Eis aus dem Bahnhofscafe` und vertreibe mir anschließend die knappe halbe Stunde damit, die Reisenden im Untergeschoss des Bahnhofs zu beobachten, während ich oberhalb der Treppe stehe.

Sie laufen – teilweise kopflos – kreuz und quer in Richtung Rolltreppe, dann wieder von ihr weg. Natürlich sind es nicht die gleichen. Manche kommen, andere gehen.

Sie tanzen den Bahnhofsblues nach dem Zischen der ankommenden Züge, dem Pfeifen der Signale und krächzenden Durchsagen aus zahllosen Lautsprechern in hektischen, eiligen oder trippelnden Schritten.

Tatsächlich schlendert doch ab und zu mal einer ganz entspannt und einfach nur so. Der bremst dann das Bild des Tanzes. Warum tut er das? Soll er sich doch auch dem Strom anpassen, damit er das Bild dieser Choreographie nicht stört.

Das ist sicher einer, dem alle Züge egal sind. Der fährt nirgendwohin. Will wahrscheinlich nur ein bisschen einkaufen, in dem Wirrwarr der Hastenden. Vielleicht wird er ja auch von den Tanzenden am Geschäft seiner Wahl vorbei geschoben. Jetzt müssten alle noch farblich zusammen passen. Aber da verlange ich sicher zuviel.

„Der Zug nach Hamburg um 9.20 Uhr hat zehn Minuten Verspätung", dröhnt es aus dem Lautsprecher.

Na, auch gut. Jetzt scheinen sie Walzer zu tanzen, denn ihr Schritt wird langsamer. Nach dieser Ansage haben auch sie plötzlich genauso viel Zeit wie ich.

Neben mir wird es unruhig, ich beobachte jetzt nicht mehr allein den Bahnhofs-Blues, bin eine von vielen. Doch löst sich der Tanz langsam auf, es gibt fast nicht mehr viel zu sehen. Ich mache mich langsam auf den Weg zu meinem Zug. Ich, und viele andere auch. Bin eine der Ersten in diesem Aufmarsch, sehe zurück.

Da kommt er, der Menschenstrom, langsam wie eine Raupe bewegt er sich in meine Richtung und niemand tanzt mehr. Hinter mir ein schriller Pfiff – der Zug läuft endlich ein. Ein Ruck geht durch die Raupe, und sie verfällt in hektisches Laufen auf ihren unzähligen Beinen.

Wortfetzen streifen mich:

"Pass` doch auf deine Jacke auf Simone, sie hängt im Dreck!"

„Hast du die Fahrkarten, Rolf? Ich hatte sie dir gegeben!"

Ich werde nie erfahren, ob Rolf sie nun hatte, oder nicht, denn er war schon längst an mir vorbei gehastet. Aber eigentlich ist es mir egal.

Jetzt sollte ich besser zum Zugeinstieg gehen, sonst bleibt mir nur ein Stehplatz. Da wird auch mein Schritt schneller und ich ein Teil der Raupe – aber zu spät – kein Platz wartet auf mich!

Ich stelle mich enttäuscht ans Fenster im Zug von Hannover nach Hamburg und frage mich nur noch: Warum habe ich bloß wieder diese Pumps angezogen! …

Luna Blu

So kannst du aber nicht herumlaufen, Martha! – dieser Satz hatte Martha ihr Leben lang verfolgt. Selbst ihre Träume hatte er gestört. Was so unpassend an ihr war, hatte sie nie so richtig begriffen, wollte so herumlaufen, wie es ihr gefiel, das war alles. In drei Tagen feierte sie ihren 60. Geburtstag, dreißig Gäste hatte sie ins *Luna Blu* geladen. Schon drei Wochen dachte sie an nichts anderes mehr, als an diesen Tag und die Frage, was sie anziehen würde.

Plötzlich und unerwartet hatte sie die Lösung: Es ist doch eigentlich ganz einfach, sinnierte Martha: Sie würde endlich, nach Jahren der Kritik, das beherzigen, was sie ihr alle ein Leben lang gepredigt hatten und sich so anziehen, um endlich mal ein:

„Heute siehst du dich aber mal richtig nett aus ... “ zu hören. Sie selbst hatte allerdings kein Gespür dafür, wie das nun aussehen sollte. Woher auch, sie war schließlich ihr Leben lang nicht *angepasst*.

Es galt nun also, jemanden zu finden, der ihr dabei helfen konnte. Doch auch diese Aufgabe löste sie die nächsten Stunden perfekt.

Das alte Fräulein Mehrens, Klavierlehrerin aus dem Nebenhaus, immer korrekt gekleidet, höflich grüßend und jedes Staubkörnchen sofort nach Feststellung von ihrem und dem Revers anderer entfernend, müsste die Expertin für Marthas persönliche Beratung sein. Sich ihrer Wichtigkeit bewusst – nach Marthas Erklärung – ging diese mit ihr gemeinsam in einschlägige Modegeschäfte, um Passendes auszusuchen. Ein Abenteuer für Martha! Mit mehreren großen Tüten kam sie nach Hause, hatte Fräulein Mehrens noch auf einen Kaffee eingeladen.

Später dann, endlich allein, gab sich Martha eine Privatanprobe: grauer Faltenrock, Blüschen mit rosa Rüschen und kleinen Perlmuttknöpfchen, dazu trägt die ältere Dame grundsätzlich flache Halbschuhe mit einer Schnalle zur

Zierde, wie Frau Mehrens sie aufgeklärt hatte.

Auch diese hatte Martha sich gekauft. Der Clou war dann ein Seidenschal, gehalten von einer Möwen-Brosche. Ein Blick in den Spiegel: Wer war das denn? Diese ältliche Jubilarin sollte sie ihren Gästen zumuten?

Irgendwie kamen ihr dazu auch noch unvermittelt Gedanken wie: So alt bin ich nun also tatsächlich! Wie schrecklich! Hätte ich mich ein Leben lang meinem Alter entsprechend angezogen, dann wäre ich jetzt also diese uralte unbekannte Dame im Spiegel. Ich habe nichts mit ihr gemeinsam und werde sie deshalb auf der Stelle sterben lassen!

Damit zog sie energisch die *Verkleidung* aus, schlüpfte in ihren langen Rock mit dem Schlitz an der Seite, zog das himmelblaue Seidenshirt mit dem ziemlich tiefen Ausschnitt an, schlang den Kettengürtel um ihre immer noch schlanke Taille und steckte ihr Haar in der Art hoch, dass eine freche Locke an ihrer Wange herunterrieselte.

So gefiel sie sich, so passte sie ins *Luna Blu*, so würde sie auf jeden Fall – wie immer – für Gesprächsstoff sorgen, und so konnte man ihr auch wieder leise zuraunen:

„So kannst du doch nicht herumlaufen Martha"

Der Tag der großen Feier kam dann unweigerlich: Marthas sechzigster Geburtstag mit dreißig geladenen Gästen. Darunter ihre kritikfreudigen Cousinen und sogar ihre achtzigjährige Tante Bertha aus Mecklenburg. Sie alle waren es, die ständig – was ihre Kleidung betraf – an ihr herumgemäkelt hatten. Doch konnte sie allmählich dieses empörte: „So kannst du aber nicht herum laufen, Martha!", immer besser ertragen, war es doch für sie so langsam ein Kompliment – sie hatte sich nicht für die anderen verbogen!

Und gerade deshalb hatte Martha sich nun doch tatsächlich wieder so angezogen, wie es keinem gefiel. Sie wollte auffallen, wie schon lange nicht mehr. So wie damals, als sie noch sehr jung war und in einem Zeichenbüro arbeitete, dort für die Ausgabe des Materials, wie Zeichnungen, Bleistifte, Radiergummis und sämtliches andere Zubehör an die Konstrukteure und technischen Zeichner, zuständig war. Martha sah in den Spiegel und verlor sich in Gedanken an diese Begebenheit.

An einem solchen Materialausgabe-Tag nämlich hatte sie einmal ein besonderes Kleid mit einem ebenso besonders tiefen Ausschnitt an. Es war hellgrün, aus diesem Waffelstoff. Den Ausschnitt zierte eine schwarze Litze, in der Taille sehr eng und ohne Ärmel, wirkte es doch recht aufreizend. Dazu war es noch Sommer und Marthas Haut gleichmäßig gebräunt. Wirklich ein recht hübscher Anblick.

Das fanden auch sämtliche Techniker, zumindest die, an die sie Material herausgeben musste, und das waren ganz plötzlich fast alle. Selten hatte man an diesem Materialschalter so einen Andrang erlebt! Jeder brauchte plötzlich irgendeinen Bleistift, Notizzettel ein Radiergummi oder einen Zeichnungsentwurf.

Es schien sich hier um Mund-zu-Mund-Propaganda zu handeln. Gerade war die Ausgabeklappe gefallen und sie gewillt, sich anderen Aufgaben zu widmen, wurde bereits wieder geklingelt, ein nächster Materialsuchender stand vor ihr, warf einen tiefen Blick in ihren Ausschnitt, was ihn fast vergessen ließ, weshalb er gekommen war.

Irgendwann wurde es ihrem Chef zu dumm, er wartete, bis ungefähr fünf Herren draußen am Schalter standen – riss dann mit lautem Knall die Klappe herunter und brüllte mit hochrotem Kopf: „Ende der Vorstellung!"

Darauf wandten sich alle mit betretenem Grinsen zum Gehen. Wahrscheinlich verleitete ihn ein klein wenig Eifersucht zu dieser Reaktion, hatte er doch schon seit Monaten vergeblich versucht, Martha zum *Bananeneis-mit-Sahne-Essen* einzuladen. Martha war das alles ziemlich peinlich. Sie trug dann dieses Kleid natürlich nicht mehr an ihrem Arbeitsplatz.

Das war nun alles damals, als man noch keusch ziemlich und züchtig über dem Petticoat gekleidet war. Aber schon zu diesem Zeitpunkt wusste Martha offensichtlich nicht genau, dass man *so nicht herumlaufen kann.*

Sie betrat nun mit strahlendem Lächeln und zierlichem Gang auf hohen Pumps das *Luna Blu*, sah mit herausfordernden Blicken ihre weiblichen Gäste der Reihe nach an, was diese mit einem leichten Hüsteln zur Kenntnis nahmen – musterte dann die Herren mit leicht amüsierter Miene und stellte fest, dass sie doch der eine oder andere reife Herr mit etwas frivolem Blick ansah.

Sie erhob ihr Glas und bat alle Gäste das Gleiche zu tun, um auf ihren sechzigsten Geburtstag anzustoßen. Zu ihrer Freude verlief alles so ab, wie erwartet.

Es wurde hinter vorgehaltener Hand geflüstert, was ihr beim schwungvollen Tango, mit ihrem alten Verehrer Bernhard aus vergangenen Tagen, nicht entging.

Ihre, in diesen Fragen kompetenten weiblichen Verwandten fanden sie mal wieder zu jugendlich gekleidet und ließen sie beim Verabschieden – es war lange nach Mitternacht – natürlich wieder mal leise wissen:

„So konntest du aber nun wirklich nicht herumlaufen, jetzt, in diesem Alter, erst recht nicht mehr! Martha …“

Der blinde Spiegel

Die Garderobe auf dem Flur ist wunderschön, sehr alt und von jedem bewundert. Mein Sohn Rene` hatte sie mir mitgebracht. Sein Freund wollte sie auf den Müll stellen. Völlig verstaubt und leicht lädiert stand sie nach ihrer Rettung damals in meinem Keller. Ich schrubbte das Holz, danach bekam sie eine Politur, Schrauben und Garderobenhäkchen wurden ebenfalls erneuert.

Jetzt wurde erst so richtig sichtbar, wie dekorativ sie eigentlich war. Nun steht sie schon drei Jahre auf meinem Flur, und einen Vorteil hat sie auch: Der Spiegel ist blind, man sieht sich darin wie in weiches Licht gehüllt, leicht bräunlich getönt, die Konturen etwas verschwommen. Ja, er macht den Hineinsehenden fast zehn Jahre jünger, der alte, blinde Spiegel.

Ansonsten erfüllt sie auch wieder voll ihre Aufgaben, die alte wunderschöne Garderobe. Hält Jacken und Mäntel meiner Gäste solange auf ihren Haken bereit, bis diese unsere Wohnung wieder verlassen. Ab und zu bleiben Einkaufsbeutel und Regenschirme zurück. Manchmal ist der Spiegel sogar von Schals, Jacken und herabhängenden Mützen ziemlich verdeckt. Doch das macht nichts, er wird ja eigentlich nicht wirklich gebraucht.

Nur hin und wieder, da ist er bei mir sehr begehrt. Denn es gibt Tage, an denen ich Blicke in den Spiegel am liebsten ganz vermeiden möchte. Mopp-Frisur, geschwollene Augen und eine Jacke, die aus Großmutters Mottenkiste zu stammen scheint, obwohl sie mich letzte Woche noch sehr chic umschmeichelte, geben nun wirklich keinen schönen Anblick ab. Ja, und dann war meist mal wieder eine Diät fällig.

Unter diesen Umständen umgehe ich dann lieber jegliche Spiegelseherei. Allerdings gilt das nicht für meinen blinden Spiegel, denn er hat dann seinen großen Auftritt.

Ich stelle mich vor ihn, sehe mein zartes, jugendliches Gesicht, die bräunliche Hautfarbe, die duftige Frisur und eine

Diät muss auch nicht mehr geplant werden, weil der Rest, der meinem Hals folgt, in dem kleinen Spiegel nicht mehr sichtbar ist. Was will ich eigentlich?

So gut sah ich schon lange nicht mehr aus. Beruhigt nehme ich meine Tasche, werfe den Kopf stolz in den Nacken und verlasse die Wohnung mit einem Lächeln ...

Papas Moral

Da saßen wir nun, meine Tochter Tine und ihr Mann Mark, meine Frau war zu ihrem wöchentlichen Yoga-Kurs gegangen. Der Wein – zu Ehren der Festeinstellung von Mark in der neuen Firma geöffnet – hatte ein bisschen unsere Zunge gelöst.

Irgendwie erinnerten wir uns, Tine und ich, daran, wie es damals war, als sie die ersten Erfahrungen mit dem anderen Geschlecht machte. Viel konnte sie nicht berichten, hatte sie doch nur einige kleine Liebschaften, geboren im Strandbad, in der Schule oder später in der Disco. Viel wollte sie auch nicht erzählen, war doch Mark dabei, der nicht alles wissen musste.

Leise lächelten wir Männer, fingen ganz ungeplant an, in unsere eigenen Erinnerungen zu verfallen. Mark musste nicht lange überlegen, war es doch bei ihm noch nicht allzu lange her, seit er zuletzt auf der Pirsch war. Allerdings – von ihm kam ebenfalls nicht ganz so viel, denn auch Tine musste nicht alles wissen von seinen nicht gebeichtete Episoden. Die berühmte Frage kam dann irgendwann von Tine:

„Papa, sag` mal, wen hattest du eigentlich vor Mama?" Etwas umständlich goss ich uns allen noch einen Wein ein, steckte mir die fünfte – zuviel gerauchte – Zigarette an und blickte mit grüblerischem Blick in die Ferne:

„Was soll ich euch erzählen? Es gab da schon die eine oder andere Frau vor Mama – was sie auch weiß, muss ich betonen."

„Papa, von uns erfährt sie nichts", versuchte Tine mein Vertrauen zu gewinnen. Ich glaube, von nun an hatte mich das Teufelchen ein wenig geritten.

Erzählte ich doch von den zwei Freundinnen Franzi und Rena aus Köln, beide unsterblich in mich verliebt.

„Was sollte ich tun? Es war mir einfach nicht möglich, eine der beiden zu enttäuschen. Sollte ich einer von beiden das Selbstwertgefühl nehmen?

Hätte es nicht ebenso sein können, dass ich mich für die Falsche entscheiden würde? Wozu sollte ich so unhöflich sein, und Franzi oder gar Rena einen Korb geben? Ich wusste, was einen Gentleman ausmacht: Frauen glücklich zu machen. So nannte ich beide ‚Mausi' und erzählte auch beiden, wie sehr ich sie liebte, opferte mich also, machte beide glücklich und hatte natürlich dadurch sehr viel mehr zu tun, als einer, der sich mit einer begnügt.

Die Situation überforderte mich später dann doch, irgendwann bekamen die beiden ‚Mausis' alles durch einen taktischen Fehler 'raus – mein Doppelspiel – und stellten mich zur Rede." Tine verfolgte gespannt meine Erzählung.

„Nun, ich entschuldigte mich bei den Mädels mit meiner Anständigkeit, bei einer Entscheidung keine von ihnen unglücklich machen zu wollen. Merkwürdigerweise verstanden sie mich ebenso wenig, wie ihr zwei vermutlich.

Denn sie sorgten dann ganz schnell dafür, dass ich ab sofort wieder solo war. Doch zu eurer Beruhigung: Beide sind seit Jahren glücklich verheiratet und mir überhaupt nicht mehr böse."

War ich jetzt in Tines Augen unmoralisch? Hätte ich bloß geschwiegen, erklärte ich ihr doch ständig, wie man gerade und ehrlich durchs Leben zu gehen hat!

Sie grinste zu mir herüber, stand auf, legte sanft ihren Arm um meine Schulter und flüsterte mir ganz leise ins Ohr:

„Altes Schwein." Nichts hätte mich stolzer machen können, als diese beiden Worte von ihr. Zärtlich, nachsichtig und – trotz der etwas derben Formulierung – respektvoll.

Plötzlich fühlte ich mich sehr jung – als einer von ihnen. Sie schienen es ebenso zu empfinden, machten sie mir doch in gleichem Atemzug den Vorschlag noch auf eine Stunde, bis Mama vom Yoga käme, ins *Bobo*, die Disco um die Ecke, zu gehen. So schnell hatte ich mich noch nie in meine flotte Lederjacke – was sonst? – geworfen . . .

Man muss nicht alles kennen!

Nicht jedem ist jedes geflügelte Wort bekannt, wie mich meine Freundin Rosa lehrte – und zwar so: Maja, die dritte im Bunde, war sich ihres erneuten Termins beim Bauchtanzkurs nach der Ferienpause nicht so ganz sicher.

Fand er nun diesen oder erst nächsten Dienstag statt? Anrufe bei Kursteilnehmerinnen blieben erfolglos. Ihrem Pflichtbewusstsein folgend machte sie sich trotzdem zum Besuch des Lehrgangs auf den Weg, schminkte und stylte sich gekonnt orientalisch.

Vor dem Gebäude der Kursräume musste sie feststellen, sich nun doch im Datum geirrt zu haben. Die Tür war verschlossen und weit und breit keine weitere Teilnehmerin zu sehen. Etwas ärgerlich ging sie wieder nach Hause und rief mich an. Wir beschlossen daraufhin, den Abend in gemütlicher Runde bei einer Flasche Wein zum Trost für Maja zu verbringen.

Auch unsere Rosa sollte kommen. Ich erklärte ihr am Telefon die Geschichte von Majas Fehlplanung nebst den unnötigen Verschönerungen, denn leider hätte sie sich an der Tür der Bildungsstätte *die Nase gestoßen*, wie ich ihr erläuterte. Unsere nachdenkliche Rosa sinnierte eine Weile darüber, und ich schwieg ebenfalls in den Hörer. Doch plötzlich fragte sie erschrocken:

„Und was ist nun mit Majas Nase – ist es schlimm, muss sie zum Arzt, Julia?" Ich schwieg irritiert.

„Was meinst du, was soll mit ihrer Nase sein?" Etwas befremdet antwortete Rosa:

„Wieso, du hast doch eben gesagt, sie hätte sich die Nase gestoßen!" Ich habe schon lange nicht mehr so gelacht …

Möchten Sie noch mehr kleine Geschichten lesen?

Hier noch ein paar besinnlichere –

Vielleicht gefallen sie Ihnen? . . .

Die Begegnung

Sie stand einfach da und sah mich an.

„Sie sind Professor Schumann?" Ich zögerte mit meiner Antwort, doch dann:

„Ja, warum fragen sie?" Dabei sah ich sie mir genauer an.

Ihre Hände erzählten von schwerer Arbeit, die Jacke wies abgewetzte Stellen an den Ärmeln auf. Das Haar grau, von kurzem Schnitt, das Gesicht eingefallen. Ihre Augen – ich hatte sie schon irgendwo gesehen. Fremd und doch vertraut. Wer war diese Frau? Wir standen auf dem Gang der Klinik, Schwester Gabriele huschte mit erstauntem Blick an uns vorbei. Ich bat die Person in einen kleinen Besprechungs- raum neben dem Schwesternzimmer. Sie trat zögernd ein, setzte sich langsam, strich ihren Rock glatt.

„Nun?" Ich sah sie an.

„Geht es um einen meiner Patienten?" Allerdings konnte ich mir das nicht vorstellen, bei dem was sie äußerlich dar- stellte. Sie antwortete nicht. Langsam wurde ich ungeduldig. Sie hatte schon zuviel meiner Zeit in Anspruch genommen.

„Wollen sie nicht endlich sprechen?"

„Jochen?"

Wieso nannte sie mich so? Irritiert sah ich sie an.

„Was soll das, woher kennen sie meinen Vornamen?"

„Es ist viel zu wenig, was ich von dir kenne, doch es ist das Mindeste." Leise und traurig war ihre Stimme. Plötzlich weinte sie.

„Ich bin deine Mutter, Jochen!"

Das sollte meine Mutter sein?? In mir schien alles zu rebel- lieren. Sie machte mich unbändig wütend, diese Eröffnung.

Was nahm sie sich heraus, jetzt in mein Leben zu treten?

„Soll ich mich jetzt freuen, erwarten sie das, ja?"

Ich brüllte es in den Raum. Ängstlich sah sie mich an, knetete ihr Taschentuch mit beiden Händen.

„Ich habe alles falsch gemacht im Leben, Junge, wenn du mich verurteilst, muss ich das akzeptieren.

Aber ich wollte dich einfach nur noch einmal sehen – ja, mehr wollte ich nicht. Weißt du, ich bin ziemlich krank, es wird nicht mehr lange dauern – es ist diese Art von Krebs, die sehr schnell voranschreitet, aber du kennst dich da ja besser aus – ich bin so stolz auf dich, Jochen!"

Ihre Stimme war immer leiser geworden. Ich beruhigte mich plötzlich zu meinem Ärger, und es tat mir fast leid, nicht mehr wütend zu sein.

Immer und immer wieder hatte ich mir diese Begegnung ausgemalt, wollte ihr meinen ganzen Zorn ins Gesicht schreien, meiner Mutter. Den Zorn meiner Jahre bei diesen Leuten, die mich immer haben spüren lassen, dass ich nicht ihr leibliches Kind bin. Doch vielleicht hat gerade das meinen Ehrgeiz angetrieben, es allen zu zeigen, Karriere zu machen, in den besten Kreisen zu verkehren, zu den Honoratioren dieser Stadt zu gehören.

Und ich hatte es geschafft – ich habe es geschafft, vielleicht sogar durch sie, meine leibliche Mutter, diese kleine verhärmte Frau, die jetzt auf ein bisschen Verständnis von mir hoffte.

Plötzlich überkam mich eine unendliche Traurigkeit – Traurigkeit über unsere verlorene Zeit – Zeit für sie, mich als Kind zu trösten, in den Arm zu nehmen, gegen Nachbarskinder zu verteidigen, mir das Fleisch auf dem Teller zu schneiden und Laternen mit mir zu basteln.

Es tat so unheimlich weh, und plötzlich schossen auch mir Tränen in die Augen – mir, dem Professor für Urologie, und es war mir völlig egal. Aufgestaute Gefühle wurden plötzlich frei wie Wildbäche im Frühjahr.

Ich nahm sie einfach in meine Arme, diese kleine kranke Frau und drückte sie fest an mich. Sie würde mir sicher alles noch genau erklären können – alles.

Selbst wenn sie es nicht konnte, sie hatte ihre Strafe schon lange erhalten. Eine Strafe, die ich nie zugelassen hätte. Warum ist sie so spät zu mir gekommen – zu spät für diese schreckliche Krankheit?

Vielleicht hätte ich ihr noch helfen können? Doch ich werde ihr dabei helfen, wenigstens ihre letzte Zeit mit mir zu verbringen – und vielleicht werden wir sogar noch Laternen zusammen basteln …

Das Auge des Betrachters

Sein Blick folgte der Turmspitze, höher und höher bis zu den Purpurwolken, die in seiner Fantasie einen Namen formten: *Maria*. Es musste wunderbar sein, in dieser kleinen Kirche zu heiraten – Maria zu heiraten.

Eine Rosenhecke wand sich um das Mauerwerk, und ihr Duft erfüllte alles rund herum. In den großen Kirchenfenstern spiegelte sich das Blau des Himmels, und das Portal lud ihn ein, näher zu treten. Butzenscheiben erinnerten an Schlösser aus Märchen seiner Kindheit, die er so liebte.

Einem Palast ähnlich lag diese romantische Kirche vor ihm. Er wollte hineingehen, seine Schritte knirschten auf dem Kies. Doch er war so fasziniert, dass er jetzt einfach stehen blieb, verzückt seinen Zeichenblock aus der Tasche zog und das, was er vor sich sah, skizzieren musste, um diesen Moment für immer festzuhalten. Plötzlich wusste er es ganz genau: Hierher würde er ganz bestimmt zurückkommen.

Maria setzte sich in die Bank im Innern dieser verfallenen Kirche, froh allein zu sein. Blickte die Wände entlang, sah Heiligenbilder eine biblische Geschichte erzählen. Eine, die Trost bringen sollte. Ihr brachte sie keinen. Vorn die Kanzel jetzt leer und fast verstaubt. Alles fühlte sich verlogen an.

Wie viel Gebete sind hier gesprochen und vielleicht nicht erhört worden? Sie sollten sie restaurieren, diese alte Kirche, das Gestrüpp draußen entfernen, damit überhaupt noch jemand hineingeht. Plötzlich fröstelte sie und spürte die Feuchtigkeit des Raumes.

Es roch muffig, und sie wollte jetzt einfach nur noch weg. Maria stand auf und bewegte sich in Richtung Ausgang.

Ihre Schritte hallten, grelles Sonnenlicht empfing sie draußen. Sie kniff die Augen zu, drehte sich um und sah das alte Kirchengemäuer fast bedrohlich, dunkel und starr hinter sich. Nun ahnte sie, heute zum letzten Mal hier gewesen zu sein. Sie wären sich noch begegnet, wäre *sie* einige Minuten eher aus dem Kirchenportal gekommen – hätte *er* einen Augenblick länger mit seinem Skizzenblock verweilt – sie wären sich begegnet …

Elisabeth und Henry

Elisabeth, klein, zart, schon ziemlich betagt und voller Humor – wusste genau: Es würde nicht ganz so leicht mit Henry, ihrem älteren Bruder sein, nun wieder in einer Hausgemeinschaft zusammen zu leben, seit dem Tod von Henrys Frau Maggie. Ob sie ihn wohl ertragen könnte in den nächsten Jahren? Elisabeth hatte da so ihre Schwierigkeiten, auch wenn er ihr Bruder war. Aber nun hatte sie sich darauf eingelassen und würde es schon irgendwie schaffen, mit Henry und seinen Landkarten zu leben.

Elisabeth legte ihre Brille ab und sah blinzelnd auf seine jetzt ganz verschwommene Gestalt. Dabei empfand sie ein sonderbares Vergnügen, ihn ohne ihre Brille zu beobachten. Er, der ausnahmslos immer so klar, so korrekt wirkte, war nun auf einmal vollkommen unscharf.

Wenn sie den Kopf ein wenig zur Seite neigte und ihn weiterhin fixierte, hatte sie den Eindruck, als zöge sein Mund sich in die Breite, so, als ob er lächelte. Sie lächelte zurück.

„Was, in aller Welt gibt es zu lachen, Elisabeth?", unterbrach Henry ihre Gedanken.

„Habe ich gelacht? – ich weiß tatsächlich nicht, warum."

„Elisabeth, du weißt sicher noch, was Vater jetzt gesagt hätte: *Nur dumme Menschen lachen ohne Grund.* Würde dich das nicht bekümmern?" Nun sah Henry doch ein wenig furchterregend aus. Sie sah es, wenn auch immer noch verschwommen.

„Natürlich Henry, würde es mich bekümmern. Aber lachen an sich, das ist doch nichts Schlimmes, oder?"

„Natürlich nicht, Elisabeth – frag' nicht so dumm!"

Sie erinnerte sich, dass Henry nicht besonders gern lachte, schon als Kind nicht. Sie lachte gern.

Fast immer, wenn sie für die Mutter in den Garten ging, um Bohnen oder anderes Gemüse zu pflücken für das Mittagessen am nächsten Tag, traf sie heimlich ihre Freundin aus dem Nachbarhaus.

Zum Ärger der Mutter dauerte das Pflücken dann nämlich weitaus länger. Ulla schien das Lachen erfunden zu haben. Wie es schien, kicherten beide stundenlang. Henry hatte dafür überhaupt kein Verständnis. Schon damals rügte er die Mädchen häufig. Schon damals wusste er alles besser, saß über seinen Landkarten, setzte sich damit auseinander, warum Osten rechts und nicht links von Norden lag. Ein hochinteressantes Thema für jemanden wie Henry.

Elisabeth war da ganz anders. Sie interessierte es viel mehr, wann der neue Film mit *Zarah Leander* im Kino lief, in dem sie *Ich steh` im Regen...* sang.

Denn war alles zur Zufriedenheit der Mutter im Haushalt erledigt, durfte sie auch so hin und wieder mit Ulla ins Kino gehen. Manchmal bezahlte Henry sogar gönnerhaft das Kinogeld, sehr auf ihre Dankbarkeit hoffend, die sie ihm auch gern entgegenbrachte.

Manchmal ging er sogar mit, und manchmal hörte sie auch ein zaghaftes Lachen neben sich, wenn die Szene es verlangte. Das übersah Elisabeth dann diskret – froh, ihn überhaupt lachen zu hören, wenn auch nur verhalten. Dann, ja dann hatte sie ihn richtig gern.

Für einen Moment sah sie ihn in ihrer Erinnerung wieder so wie damals, jung und mit glatt gescheitelter Frisur, dem steif gebügelten Kragen und der korrekten Bügelfalte, hörte sein ständiges Räuspern. Eigentlich hatte er sich überhaupt nicht verändern, war nur älter und noch verkniffener geworden. Wie war nur Maggie die ganzen Jahre so gut mit ihm ausgekommen?

Fast hätte sie ihn gefragt:

„Sag` Henry, würdest du mit mir ins Kino gehen?"

„Na, wieder mal am Träumen, Elisabeth?" . . .

Glücksmomente

Es riecht tatsächlich schon nach Frühling! Ich stehe auf meinem Balkon. Über mir blauer Himmel, weit weg ein Flugzeug, dem ein Kondensstreifen folgt, Silbervogel auf unbekannter Reise. Ein weicher Wind streichelt mein Gesicht. Von gegenüber dringt das leise Schnattern von Enten durch die Büsche. Sie haben tatsächlich Enten in ihrem kleinen Teich mitten in der Stadt!

Mein Blick verliert sich in dieser alles verdeckenden Kastanie, durch deren zarte Blätter die Sonne filigrane Adern sichtbar macht. Da hinten der Wäscheplatz, drei Handtücher wiegen sich im Frühlingswind. Wie hatte ein Freund einmal an gleicher Stelle gesagt?

> *„Klein-Paris, es ist einfach Klein-Paris*
> *hier auf deinem Balkon, Julia."*

Gegenüber streicht ein Mann sein Fenster in Blau. Er lächelt mir zu, es ist Frühling und ich weiß wieder einmal – genau das ist ein Glücksmoment! . . .

Good bye, my love

D as war`s dann also: Sie kann so nicht weiterleben. Wieso hatte er ihr gestern Abend wieder vorgehalten, dass sie ihn vor fünf Jahren ein einziges Mal betrogen hatte? Ihre Reue interessierte ihn nicht. Doch dass er sich vor drei Jahren über längere Zeit mit ihrer besten Freundin eingelassen hatte, das war nicht erwähnenswert, oder?

Nora steht vor seinem Sessel, sieht zu ihm hinunter, zögert, atmet tief ein:

„Ich werde dich verlassen, Leo, noch heute. Es ist müßig, dir die Gründe zu erklären – du wirst mich nie verstehen."

Seit heute Morgen ist ihr klar, dass sie gehen wird. Heute Morgen, als er die Treppe herunterkam, laut gähnend mit ausdruckslosem Gesicht und schlurfenden Schritten. Es gab eigentlich keinen besonderen Grund – heute Morgen – doch sie will einfach nur weg.

Sein Gesichtsausdruck ist jetzt gleichgültig und gelangweilt.

„Bitte, ich habe so was schon lange geahnt – tu' was du nicht lassen kannst." Dabei wippt er mit dem Fuß, sein Bein hängt lässig über der Sessellehne.

„Du glaubst doch nicht, dass mich diese Mitteilung sonderlich berührt?"

Ein leises Pfeifen von *Good bye my love, good bye* ... folgt seinem Kommentar. Dann der Griff zur Schachtel. Leicht zitternd steckt er sich eine Zigarette an, bläst den Rauch stoßweise in Wölkchen vor sich her.

„Welcher Kerl ist es denn diesmal, Nora? Richte ihm meinen Dank aus – dafür, dass er mich von dir befreit."

Er springt auf, öffnet die Glasvitrine, ergreift ein Glas und die Flasche – setzt sich wieder. Seine Hand zittert jetzt, er hat Mühe, beim Einschenken nichts zu verschütten. Die Muskeln seines Unterkiefers treten hervor, sein Gesicht ist blass. Sie räumt den Tisch in der Küche ab, geht ins Schlafzimmer und nimmt den Koffer vom Kleiderschrank.

Nun folgt er ihr:

„Warum gehst du nicht sofort? Dann muss ich deinen Anblick nicht länger ertragen."

Dabei grinst er sie an, das Gesicht völlig verzerrt.

Er war ihr noch nie so fremd wie in diesem Augenblick.

„Du hast Recht, Leo."

Sie nimmt ihren Mantel von der Garderobe, greift nach ihrer Handtasche, geht zur Haustür:

„Meine Sachen lasse ich morgen abholen."

Nora öffnet die Tür – und schmeißt sie gleich darauf wütend hinter sich zu – will seinem höhnischen Gelächter entfliehen. Ihre hastigen Schritte auf der Treppe werden leiser – verstummen.

Er lacht jetzt nicht mehr – fällt in seinen Sessel – ein verzweifeltes Schluchzen schüttelt seine Schultern . . .

Nur die Liebe entscheidet . . .

Irgend etwas hatte er. Was auch immer es war, es gefiel ihr. Er sprach über die Tapeten, die er ausgesucht hatte, „um seine Wohnung neu zu stylen", wie er meinte, über die Farbe für seine Küche.

„Blau", sagte er, „blau würde mir gefallen."

Sie hörte seine Worte viel zu leise, vielleicht wollte sie die jetzt auch nicht so genau hören. Ihr Blick traf ihn, sie dachte an seine geflüsterten Worte, an die Geborgenheit, die sie bei ihm fand, die Wärme seiner Nähe und Bilder voller Zärtlichkeit. Seine Stimme wurde ungeduldig, fragte:

„Was hältst du nun von blau?"

„Wie – blau?"

„Die Küche total blau, Schatz, würde es dir gefallen?"

Wortfetzen ihrer Freundinnen kamen ihr in den Sinn:

„Doch nicht dieser Mann, das kann nicht dein Ernst sein! Sieh ihn dir doch an. Er ist mehr als dick. Wie kannst du dich nur mit ihm sehen lassen!"

Ja, wie konnte sie nur. Doch eins wusste sie ganz sicher, seit sie ihn kannte:

Nicht die Schönheit entscheidet, wen wir lieben,
sondern die Liebe entscheidet, wen wir schön finden.

Sie fand ihn schön, wenn auch nicht gleich. Seine Stimme, sein Lächeln, bei dem sich ein Mundwinkel nach oben zog und ihm diesen unverschämt frechen Ausdruck verlieh – all` das gefiel ihr. Er hatte sie irgendwann in einer Bar angesprochen, sie amüsiert betrachtet, ihr einen Drink bestellt.

Sie sprachen über Belangloses, lachten – und sie war ziemlich erstaunt über ihr Interesse an ihm. War er nicht zu dick?

Wieso gefiel er ihr trotzdem? Trotz seiner Fülle, seiner Schwerfälligkeit? Wieso?

Viel später nahm er sie zum Abschied in die Arme, und sie hatte das Gefühl, als würde sie ihn schon sehr lange kennen. Wie ein kleiner Vogel verschwand sie in seiner Umarmung. Würde sie ihn wieder sehen? Ja, sie würde – spürte es genau.

Es war dieses Gefühl von Sicherheit, Beschütztsein und – sein Lachen, das sie faszinierte. Wie sagte jemand in einem alten Hollywood-Film?

Wenn du mit ihm lachen kannst, ist er der Richtige!

Was wussten die anderen schon von ihm – sollte er doch der Dicke sein, der die Treppen nicht gerade wie ein Reh erklomm, der jeden Stuhl voll ausfüllte, und der meistens genüsslich doppelte Portionen aß. Sollten sie reden – irgendwann wird dieses Thema erschöpft sein, und sie werden ein anderes finden. Sie lächelte ihn an, und plötzlich waren all diese Gedanken weggeblasen wie eine kleine Feder.

„Blau – ja blau finde ich auch sehr schön" . . .

Traum im Spiegel

Sie eilte mit flüchtigem Lächeln an diesem Spiegel im Flur vorbei – wie schon so oft. Manchmal hatte sie das Gefühl, er würde sie auf dem halbdunklen Flur beobachten, der große, blinde Spiegel mit diesem wunderschön verzierten Rahmen.

Doch diesmal – sie war schon fast an ihm vorbei – zwang ein Gefühl sie, stehen zu bleiben. Sie zögerte noch, hielt dann inne. Wie auf geheimen Befehl drehte sie willenlos ihren Kopf zurück, von fremder Macht bewegt. Ihr ganzer Körper folgte dieser Bewegung.

Beide starrten sich jetzt an, der Spiegel und sie. Plötzlich sah sie dort etwas, das sie fesselte: sich selbst – wie sie einen endlosen Weg entlang lief – immer kleiner wurde.

Wo wollte sie hin? Weg von ihrem Alltag, dem Einerlei, verbunden mit Kochen, Waschen, Nähen, Einkaufen und Putzen von Kindernasen, hatte sie es wirklich gewagt, endlich zurück in ihren Traum zu flüchten?

Erstaunt lief sie weiter, hielt den Atem an, konnte nicht aufhören, zu laufen. Sah plötzlich am Ende des langen Weges ein prunkvolles Gebäude. Langsam öffnete sich eine schmiedeeiserne Pforte wie von Geisterhand. Langsam ging sie darauf zu, stand dann vor dem prächtigen Hauseingang. Auch dort tat sich die Tür auf. Man erwartete sie bereits.

„Wo warst du so lange?", fragte sie ein gut aussehender junger Mann im Smoking in dieser diffus beleuchteten Eingangshalle, küsste sie dabei zärtlich auf die Wange, schob sie in Richtung Treppe.

„Beeil` dich mein Herz, unsere Gäste erwarten dich bereits", rief er ihr noch leise zu.

Sie folgte ihm irritiert – sah, wie er den Salon betrat, sich eine wohlduftende Havanna ansteckte und sein Glas mit Champagner füllte. Alles schien ihr hier vertraut, sie lief die Treppe hinauf und verschwand im Schlafzimmer, wählte aus dem Kleiderschrank ein wunderschönes, lachsfarbenes

Ballkleid mit Pailletten besetzt, schminkte sich vor dem großen Spiegel, brachte ihre langen, braunen Haare in Form und begab sich nach unten.

Dort standen bereits in kleinen Grüppchen die Gäste, ebenfalls mit Champagnerkelchen in der Hand. Gemurmel drang zu ihr. Der junge, blonde Mann mit dem kecken Oberlippenbärtchen, der sie zuvor begrüßt hatte, trat erneut zu ihr. Sie sah ihn jetzt genauer an. Natürlich, es war Frank, ihr eigener Mann! Und dort – zwischen all den anderen Gästen – standen auch ihre Freunde in festlicher Kleidung:

Regina im *Kleinen Schwarzen* und Rolf – Mike und Melanie, wie meist etwas zu grell geschminkt – und auch Klaus *im guten Zwirn*, wie er immer sagte, mit seiner Britta, die es hoffentlich noch lernen würde, sich ein bisschen dezenter zu stylen. Lächelnd sahen alle zu ihr herüber, hoben ihr Glas. Das Büfett sei eröffnet, verkündete der Gong.

Man nahm sich von den kulinarischen Köstlichkeiten, von denen die Kellner immer wieder nachlegten. Später spielte die Band *Only you* und Frank bat sie zum Tanz. Sie schwebte mit ihm übers Parkett. In ihren Augen spiegelten sich die unzähligen Lämpchen des Deckenlichts – sie war unbeschreiblich glücklich!

Er sah sie verliebt an, flüstere ihr langersehnte Komplimente ins Ohr, streichelte ihren Nacken.

Sie blickte sich um und entdeckte unter den Tanzenden jetzt auch Regina und Rolf, Mike und Melanie und Klaus mit seiner Britta. Der ganze Saal schien in rosa Licht getaucht und erfüllt von den Walzerklängen *Richard Claydermans*.

Doch plötzlich tanzten sie ganz allein. Die anderen waren zur Seite gewichen, sahen bewundernd zu ihnen.

Niemand verstand es so gut wie Frank, mit ihr den Walzer zu tanzen.

Am Ende wurde dezent applaudiert und man lächelte noch mehr. Wie lange hatte sie darauf gewartet, endlich wieder hier zu sein! Hier, an diesem Ort, wo ihr vor langer Zeit Frank begegnet war.

Damals, in ihrem Traum vom Leben mit ihm, der sich jedoch leider *so* nicht erfüllte.

Es gab Sorgen mit den Kindern, Ärger in der Familie, Geldprobleme und manchmal Streit zwischen beiden.

Nun war sie wieder hier und wusste, dass es nur ein Besuch auf Zeit sein würde. Gerade spielte man *Spanish eyes*, das Lied ihrer Liebe, und Frank küsste sie, wie schon lange nicht mehr.

Sie fühlte Tränen in ihren Augen und wandte sich ab. Er lächelte sie an, flüsterte zärtlich die berühmten drei Worte in ihr Haar, und sie drehten sich erneut zu zärtlichen Klängen. Wieder seine geliebte Stimme, doch diesmal ziemlich streng:

„Wer lässt eigentlich ständig seine Schuhe mitten im Flur stehen, dass man darüber stolpert? Schatz, denkst du daran, dass Klaus und Britta heute Abend gegen 18 Uhr zum Grillen kommen?" . . .

Vertrauter Geruch

Da war er plötzlich, dieser Geruch aus dem geöffneten Fenster, als Ulla daran vorbei ging – irgendwie kannte sie ihn, irgendwie war er ihr vertraut – doch woher? Sie schloss für einen Moment die Augen, und Bilder stiegen in ihr auf, die sie längst vergessen glaubte:

Genauso roch es in der Küche ihrer Freundin Anna aus Kindertagen. Es war der Geruch einer Mischung aus Waschpulver, Kohl und Rasierwasser. Er hatte sich damals seit Jahren schon fest in den Wänden verbissen. Doch wie kam er hierher, dieser Geruch?

Wer waren die Leute, die ihn auch für sich in Anspruch nahmen? Sie versuchte, einen Blick in das Fenster dieser Parterrewohnung zu werfen. Was erhoffte sie zu sehen? Das Bild aus ihrer Erinnerung? Sie blieb einige Schritte weiter vor einem Schaufenster stehen, wollte noch ein wenig des Geruchs erhaschen.

Meist kochten sie in großen Töpfen, waren eine fünfköpfige Familie, die Schumanns. Alles spielte sich in der kleinen Küche ab, in der noch mit Holz und Briketts geheizt wurde, und die Kartoffelkiste neben dem Herd, mit Feuerhaken für die Ringe der Kochfläche, stand.

Über der Messingstange hing ein Handtuch mit dem sinnigen Spruch: *Morgenstund` hat Gold im Mund,* und auf dem Herd stand ständig ein Topf mit heißem Wasser – für alle Fälle. Sei es, man wollte schnell ein Hemd auswaschen, den Boden wischen oder sich einen guten Bohnenkaffee aufbrühen.

Gewaschen wurde da natürlich auch in dieser kleinen Küche. Dann hatten sie ihren größten Topf mit der Kochwäsche auf dem Herd stehen. Sich aufblähende Wäschestücke wurden mit einem Holzlöffel wieder in den Topf gedrückt.

Als Kinder sahen sie oft zu und hofften, dass irgendwann ein Hemd oder eine Bluse – wie ein Ballon aus dem Topf quellend – platzte. Doch das passierte nie.

Morgens, in aller Frühe, rasierte sich der Hausherr über dem sich in einer Ecke befindlichen gusseisernen Waschbecken, bevor er zur Arbeit fuhr. Er rundete das Ganze ab, indem er sich in die Hand gekipptes Rasierwasser ins Gesicht klatschte und dabei zufrieden und pfeifend in den kleinen Spiegel sah, der an einem Nagel, verstellbar, an der Wand hing.

Danach packte er sein Arbeitsbrot in die schlaffe Aktentasche, zog seine Jacke an und verabschiedete sich mit einem flüchtigen Kuss von seiner Frau, der Mutter ihrer besten Freundin. Manchmal roch es eben nicht nur nach Kohl und Waschpulver, sondern auch noch nach Rasierwasser.

Sie saßen gern nach der Schule mittags in dieser kleinen Küche. Die Mutter hatte dann schon den Tisch auch für sie mit gedeckt. Oft gab es Kochfisch mit Senfsoße, der so gut schmeckte, dass sie sich heute noch daran erinnerte. An diesen Tagen gesellte sich zu allen anderen Gerüchen auch noch der von Fisch dazu.

Mit diesem Schumannschen Geruch verband sich für Ulla ein Gefühl von Unbeschwertheit und Geborgensein, wie sie es später so nie wieder empfand. Nachdenklich ging sie weiter ...

Eckardt und das Kind

Sie saß da, stocherte mit dem Löffel im Nudelteller herum und Eckard, seines Zeichens Professor, sollte nun zusehen, wie er sie unterhielt, die freche Göre. Sie war seine Enkelin, weiß Gott, und er konnte nichts dafür. Ihr aufmerksamer Blick fixierte ihn.

„Nun iss`, sonst gehen wir morgen nicht in den Zoo zu den Affen!"

„Na, und? Hab` sowieso keine Lust mit dir, Opa."

Eckardt schlug mit dem Geschirrtuch nach ihr, wie nach einer lästigen Fliege. Was hatte er nur verbrochen, dass seine Schwiegertochter ihm solches antun musste! Aber sie mochte ihn ja noch nie. Doch musste sie sich gleich so rächen? Es wäre doch gelacht, wenn er – ein Professor mit Lehrstuhl für Germanistik an der Uni – dieses kleine Biest nicht bezwingen würde!

Die Kleine sah ihn jetzt herausfordernd an, dabei suchte ihre Hand das Ende der Tischdecke, zog mit einem Ruck an ihr und der Teller mit Nudeln, ihre gefüllten Gläser und eine Schüssel mit Soße lagen am Boden. Nudeln und Ketchup hingen über dem Stuhl und der kleinen Anrichte neben dem Tisch.

Auf der Stirn des Professors erschien eine dicke Ader, die Augen waren nur noch Schlitze und sein Atem klang wie das Rasseln von Claires einäugigem Teddybär, wenn man ihn aufzog. Wieder kicherte sie.

„Kannst ja alles wieder saubermachen, Opa – und danach mache ich alles wieder dreckig, damit du dich noch mehr ärgerst – so!"

Er ging in die Küche. Irgendwie musste er sie bändigen. „Claire, kommst du mal? Hier steht eine Überraschung für dich!" flötete Eckardt.

Schon stand sie neugierig neben ihm und ebenso schnell war er aus der Küche entwichen, schloss die Tür von außen zu und beachtete ihr Geschrei vom *doofen Opa* einfach nicht.

„Wenn du mir versprichst, ganz lieb zu sein, schließe ich die Tür wieder auf!", versprach er ihr noch.

„Nööö, mach` ich doch nicht!"

Eckardt ging ins Wohnzimmer, drehte das Radio auf volle Lautstärke, nahm eine Fachzeitschrift und las, oder versuchte es zumindest.

Claire tobte, schlug gegen die Tür, so dass sie aus dem Rahmen zu fallen drohte, informierte ihn auch jetzt noch im wiederkehrenden Rhythmus darüber, dass er *doof* sei. Noch nie hatte ihm das jemand so direkt gesagt. Ob es vielleicht stimmte? Eckardt kam ins Grübeln.

Plötzlich war es still, und er beunruhigt, lauschte eine ganze Weile – nichts – öffnete dann langsam die Tür – Claire lag auf dem Boden und war tatsächlich eingeschlafen! Erschöpft lag sie vor ihm und die vom Schreien verschwitzten Locken kringelten sich in ihr rosiges Gesichtchen.

Eckardt sah triumphierend auf sie herunter. Sie hatte also aufgegeben, diese kleine Bestie! Er beugte sich noch weiter herab und war dann ziemlich verwundert über sich, weil er plötzlich nicht anders konnte und sie vorsichtig auf den Arm nehmen musste, sie ins Schlafzimmer trug und aufs Bett legte, sanft zudeckte und ihr eine Locke aus der Stirn strich. Wie konnte er nur so wütend sein über dieses entzückende Geschöpf?

Eckardt schüttele den Kopf, wischte sich einen Fussel – oder war es gar keiner – aus dem Augenwinkel und war zu seinem eigenen Erstaunen plötzlich sehr glücklich über das kleine Ungeheuer, das ihm seine vielleicht gar nicht so rachsüchtige Schwiegertochter beschert hatte – und morgen, ja morgen würde er mit ihr in den Zoo gehen, alles mit ihr ansehen, alles, was sie wollte – nicht nur die Affen . . .

Fantasie

Wieder einmal war er allein und stand erwartungsvoll vor diesem großen Spiegel in der Diele. Wieder einmal, wie schon unzählige Male zuvor, hatte er ihre vorbeieilende, wunderschöne Gestalt – von seinem flüchtigen Lächeln begleitet – darin gesehen. Ebenso schnell verschwand sie jedes Mal wieder. Auch heute erschien sie, doch diesmal verharrte sie plötzlich.

Stand unbeweglich, ohne Ziel, unnütz, fixiert an diesen Ort wie für die Ewigkeit. Er selbst jetzt auch wie angewurzelt. Niemand sollte seinen Traum entdecken. Seinen Traum, der vielleicht kein Traum war. Das heraus zu finden, war er hier.

Minuten waren vergangen, sie drehte nunmehr ihren Kopf zurück, vielleicht bewegt von einem fremden Impuls, blindlings folgte ihr Körper in katzenhafter Drehung. Sie schaute ihm jetzt ins Gesicht, doch nicht lange.

Plötzlich sah er sie im Spiegel enteilen, sah nur noch ihr wunderschönes blondes Haar und verfolgte sie mit neugierigen Blicken. Was hatte sie vor?

Dann war ihre immer kleiner werdende Gestalt ganz verschwunden – schnell und lautlos. Er wandte sich ab, wollte gehen. Ein Klang wie Meeresrauschen hielt ihn zurück. Langsam drehte er sich um und sah sie erneut in diesem Spiegel.

Was war mit ihr passiert? Ihr Körper wie Glas, hinter ihr das Meer und blauer Himmel. Hinter ihr – und in ihr. Alles, ihre ganze Gestalt war durchzogen von diesen blauen Wellen. Fasziniert sah er sie an, ging noch näher an den Spiegel, versank jetzt fast in ihm.

Er traute seinen Augen nicht: In der Ferne ein langsam näher kommendes Frachtschiff, Wellen in ihrem Gesicht, das strahlende Blau ihrer Augen übertraf die Farbe des sich in ihrer Stirn wieder findenden Himmels, stürmische Wogen um ihre Hüften und gelber Sand, der durch ihre Beine rieselte. Ein morscher Baumstamm umschwamm ihre Füße.

Er war irritiert und sein Blick verständnislos. Plötzlich lächelte sie ihm zu. Sollte er dieses Lächeln erwidern?

Ihr leicht geöffneten Mund gab nunmehr den Blick auf das langsam größer werdende Schiff preis, ab und zu von den im Wind spielenden Haaren verdeckt. Allmählich nahm das Schiff ihre ganze Gestalt ein.

Verdunkelte die Schultern bis zu den Hüften strich über ihre Schenkel, die Beine – nun war sie völlig bedeckt, fast nicht mehr erkennbar in dieser Dämmerung.

Ein Sturm kam ganz unerwartet auf, das Meer tobte, die Gischt spritzte in ihr hoch. Dann war es sehr schnell ganz dunkel, nur einige Blitze erhellten für Momente den Spiegel. Was war das? Seltsam starr sah er wenig später ihre Gestalt am Bug des Schiffes hängen.

Der Körper, nicht mehr durchsichtig, jetzt aus Marmor, nur in den Augen noch dieses Lächeln. Eine Galionsfigur, wie er sie aus alten Büchern kannte. Die Farbe des Himmels jetzt fahl, fast gelb. Langsam setzte sich das Schiff rückwärts in Bewegung. Zu schnell das Geschehen, keine Zeit für einen letzten Blick – keine Zeit, Vertrautheit zu fühlen.

Er schloss die Augen und hörte das Rauschen des Meeres schon viel leiser – dann fast gar nicht mehr – und wusste nicht, waren Minuten oder Stunden vergangen – er öffnete die Augen, blickte erneut zum Spiegel und sah von nun an nichts mehr, nichts, was außergewöhnlich war. Hatte er geträumt? Oder doch nicht – oben, an der linken Ecke des geschnitzten Holzrahmens, neben der filigranen Rose, entdeckte er plötzlich ein wenig Seetang . . .

Opa, Vater und Sohn

Sie saßen zum Frühstück ausnahmsweise mal alle zusammen. Paul reichte seinem halbwüchsigen Enkel Oliver die Butter über den Tisch, die dieser kommentarlos entgegen nahm.

„Danke!", erinnerte Paul ihn. Oliver verdrehte nur die Augen.

„Ist doch egal, muss man das denn nun ständig sagen?"

Im gleichen Moment erwähnte er an seine Mutter gewandt die neuen Sportschuhe, die er unbedingt noch brauchen würde.

„Na ja, vielleicht bedankst du dich ja dann wenigstens für die Schuhe", bemerkte Paul.

„Mensch Opa, du laberst und laberst".

Pauls Augen blitzten:

„*Eure* Erziehung, Marion, da seht ihr`s. Das geht auch an dich, Frank." Frank versuchte, das Ganze abzuschwächen:

„Mensch Vater, wir waren doch auch keine Engel!"

„Aber ihr hattet Respekt vor Älteren und nicht diese Forderungen, die euer Sohn hat."

„Wieso soll man ständig Respekt vorm Alter haben, Vater? Ist das denn ein Verdienst? Eher doch nur ein biologischer Vorgang, ob man alt wird oder nicht. Da musst du dir ja nun nichts drauf einbilden. Wenn einer jung stirbt, ist er dann weniger ehrenswert gewesen?"

Paul murmelte vor sich hin, schwieg dann aber, begann lieber ein neues Thema:

„Was ich schon lange mal sagen wollte – also, dass Oliver die ganze Nacht mit dieser Melanie in eurem Hause verbringen darf, hat es bei uns auch nicht gegeben. Was hätten da die Nachbarn wohl gesagt, wenn wir das damals geduldet hätten? Obwohl ihr das ja ebenfalls versucht hattet, du und Marion." Die schaltete sich nun auch ein:

„Warum bist du bloß so verklemmt, Schwiegervater? Das ist nun mal die Zeit, da muss man mitgehen".

„So`n Blödsinn, man muss mit gar nichts mitgehen, man kann auch Individualist bleiben, meine liebe Schwiegertochter. Aber es ist ja alles *cool*, wie man heute so sagt, und was man so macht, vielleicht geht ihr auch noch in *Swinger-Clubs*? So *cool* wie ihr seid." Paul hatte sich richtig ereifert.

„Vater, deshalb musst du jetzt nicht komisch werden. So was haben wir nicht nötig. Wir haben auch unsere Grenzen."

„Ach ja, ihr habt eure Grenzen und ich muss alles tolerieren, merkwürdig."

„Ihr Alten seid eben verklemmt, das ist nun mal so, Vater." Damit machte er dem Thema *Moral* ein Ende.

Jetzt wandte sich Paul an seinen Enkel:

„Sag` mal, könntest du mir dabei helfen, die Hecke im Garten zu schneiden? Bekommst auch paar Euro dafür, sonst hast du ja sowieso keine Lust – na, was ist?"

„Och man, ich wollte gerade Melanie fragen, ob sie mit mir in die Stadt fährt, will ihr die neue CD von *Xavier Naidoo* kaufen und bisschen bummeln – Mutsch, gibst du mir Geld, bekommst du am Ersten wieder, o. k.?"

Das reichte Paul nun endgültig. Er ging mit großen Schritten zur Tür und knallte sie hinter sich zu. Marion und Frank sahen sich zweifelnd an, zuckten die Schultern.

In diesem Moment hielt Oliver die Hand auf, in die Marion dann den entsprechenden Schein legte, ihm einen freundschaftlichen Schubs gab und anschließend leise klappernd den Tisch abräumte . . .

Pensionat

Kathy stand vor diesem großen Spiegel, in dem sie sich vollkommen sehen konnte. Das lange Kleid mit den Rüschen am Kragen, ihre zu einem Zopf geflochtenen Haare, die hohen Stiefel – sie gefiel sich nicht. Sollte sie die Haarschleife einfach lösen, um das Haar über die Schultern fallen zu lassen?

Zögernd griff sie nach ihrem Zopf, überlegte noch. Plötzlich sah sie im Spiegel hinter sich Fräulein Küfer-Braun in der Tür stehen. Streng sah sie in Kathys Richtung – ihre Blicke trafen sich. Kathy versuchte ein Lächeln. Es wurde jedoch von der Kälte im Blick des Fräuleins sofort im Keim erstickt.

„Wir sind hier wir nicht eitel, Kathy!" klang es scharf.

Dabei nestelte Fräulein Küfer-Braun an den Falten ihres Taftkleides, rückte ihre Manschetten an den schlanken Handgelenken zurecht.

„Beeile dich, die anderen warten schon. Du bist hier nichts Besonderes, nimm gefälligst Rücksicht!" Kathy strich eine vorwitzige Haarlocke aus ihrer Stirn, nahm ihr Cape und verließ mit Fräulein Küfer-Braun den Raum.

Sie gingen den langen Flur entlang, ihre Schritte hallten durch das alte Gemäuer. Am Ende des Ganges standen flüstern ihre Mitschülerinnen. Alle Geräusche verstummten jetzt, jeder sah zu Fräulein Küfer-Braun, die nun in die Hände klatschte:

„Bitte rechts `rum – dann geradeaus!!"

„Wann hört sie endlich damit auf, wir sind doch keine Soldaten!" Franzi sah Kathy an, zog eine Augenbraue hoch.

„Schlimmer ist doch, ständig in ihr verbittertes Gesicht sehen zu müssen!", flüsterte Kathy. Sie hatten jetzt das Gebäude verlassen und gingen zusammen die lange Allee entlang, neben der ein Fluss seinen Weg schon lange kannte.

„Eines Tages – ganz bestimmt – bekommt sie alles zurück, das schwöre ich dir, Franzi - diese alte vertrocknete

Ziege!" Franzi musste lachen und flüsterte:

„Sie ist nicht vertrocknet und auch nicht alt – aber eine Ziege ist sie wirklich, Kathy, da hast du Recht."

In der Ferne konnten sie ihn schon erkennen, diesen flotten jungen Kerl auf seinem Pferd. Langsam kam er näher, ritt an ihnen vorbei und schwang lachend seinen Hut mit der Feder. Die beiden Mädchen mussten ein wenig an *Robin Hood* denken.

Nun marschierten sie in Zweierreihen über das Kopfsteinpflaster. Fräulein Küfer-Braun nannte es Spaziergang. Sie war ziemlich streng mit den Mädchen, duldete keine Widerreden, Disziplin war oberstes Gebot in ihrem Internat. Sie hatte es geschafft, dass einige der Mädchen sogar ein bisschen Angst vor ihr hatten. Nun sollten sie auch noch singen! *Im Frühtau zu Berge,* schlug Fräulein Küfer-Braun vor. Lust hatten die Mädchen allerdings nicht dazu, wie ihr leises Stöhnen vermuten ließ.

„Soll sie doch alleine singen", zischte Kathy ihrer Freundin Franzi zu, die nach einigem Überlegen sinnierte:

„Wenn sie allein singt, stopfe ich mir die Ohren zu." Franzi kicherte leise.

„Ruhe, es gibt keinen Grund, dumm herum zu lachen", kam es jetzt streng von vorn.

„Sie ist einfach nur schrecklich, die Küfer-Braun. Warum geht sie nicht einfach, heiratet und bekommt Kinder – und wir bekommen eine andere Rektorin!"

„Ärgere dich nicht, wir werden die letzten paar Jahre auch noch überstehen, sing` endlich mit, Franzi."

Sie hatten ihn nicht gesehen und plötzlich ritt er fast neben ihnen, der flotte junge Reiter auf seinem weißen Pferd, war zurückgekommen, grüßte freundlich und schwang seinen Hut. Die Mädchen kicherten und grüßten zaghaft zurück – doch nicht so Fräulein Küfer-Braun.

Ein wütender Blick aus blauen Augen traf ihn jetzt.

„Unterlassen Sie das und belästigen sie uns nicht!"

Sie schritt jetzt noch schneller voran, die Mädchen

bemühten sich, ihrem Schritt zu folgen.

„Was ist an einem freundlichen Gruß so verwerflich, hübsche Frau?" fragte der Reiter dann etwas spöttisch, während er auf sie herab sah.

Wütend verlangte sie jetzt, man möge noch schneller laufen und sich nicht von hergelaufenen Männern aufhalten lassen.

Sein gekränkter Blick traf Fräulein Küfer-Braun, dann wendete er wortlos endgültig sein Pferd und ritt im Galopp davon – der fesche Reiter mit dem erst so unverschämten Lächeln, das Fräulein Küfer-Braun einfach so verscheucht hatte . . .

Pink

Elly blinzelte in die Abendsonne, setzte sich auf die alte und sah jetzt von weitem Robert den Berg herauf kommen. Besonders leicht schien es ihm nicht zu fallen. Na ja, in seinem Alter! Dabei trennten sie nur zwei Jahre.

Sie gingen damals in die gleiche Schule, er eine Klasse höher. Robert hatte sie immer beschützen wollen, doch das war gar nicht nötig. Elly wusste genau, was sie wollte, schon damals, als sie ihr Studium begann und er ihr die Vorzüge von Heim und Herd in den schönsten Farben ausmalte, um sie zu bewegen, ihn stattdessen lieber zu heiraten. Doch er musste warten – warten, bis sie das Studium beendet hatte.

Worauf sie dann noch einige Jahre an ihrer örtlichen Schule unterrichtete. Erst danach durfte er ihr die alles entscheidende Frage stellen:

„Willst du mich heiraten, Elly?"

Jetzt hatte er sie erreicht, setzte sich pustend und mit missbilligendem Blick neben sie auf die Bank, die hier oben stand wie für Elly und Robert aufgestellt. Wenn einer von ihnen traurig war, ging er dort hin. Robert schüttelte leicht den Kopf:

„Pink – wie kannst du ständig in deinem Alter diese pink-farbene Hose tragen, Elly!" Sie lachte schallend.

„Wann wirst du dich darüber beruhigen, Robert? Wenn ich nur einige Zentimeter größer wäre, könnte ich sogar meinen Goldgürtel dazu umbinden, doch jetzt würde er mich leider nur fülliger wirken lassen."

Elly malte nun mit ihren ausgetretenen Turnschuhen ein Herz in den Sand.

„Deine Nichte Mira fragte mal wieder nach dir, sie brauchen dich. Sollst wohl auch diesmal das Szepter in die Hand nehmen – ohne dich kein Sommerfest, Elly."

Robert lächelte sie jetzt an. Schade, dass sie keine Kinder hatten. Sie wäre eine wunderbare Mutter – und jetzt vielleicht eine ebenso wunderbare Großmutter gewesen.

Sie schien seine Gedanken zu erraten.

„Ohne die Kinder von Mira würde mir schon etwas fehlen Robert, auch wenn ich dich habe. Aber du möchtest sicher nicht, dass ich dir Sandmännchengeschichten vorlese und am See kleine Burgen für dich baue, oder?" Robert zog sie mit seinen leicht gekrümmten Händen an sich.

„Ich habe noch nicht drüber nachgedacht. Vielleicht hätte mich die eine oder andere Sandmännchengeschichte in all den Jahren doch erfreut?

Noch mehr erfreut hätte es mich allerdings, wenn du etwas weniger in deinem Leben geflirtet hättest, Elly. Aber neidisch waren sie immer auf mich, die Jungs vom Stammtisch – allen voran Winfried. Der wartet ja heute noch darauf, dass ich dich gehen lasse – da kann er lange warten, der Träumer." Dabei kicherte er etwas albern.

"Glaub` mir – ich war immer stolz auf dich, Elly." Sie nahm seinen Arm:

„Ich weiß Robert, komm`, lass` uns nach Hause gehen, es wird kühl."

Sie gingen langsam bergab, nur Ellys pinkfarbene Hose leuchtete in der Dämmerung …

Schwestern

Corinna sucht den passenden Nagellack in ihrem Kosmetikschränkchen, die kleinen Glasflaschen klirren leise gegeneinander.

„Du musst verstehen, dass ich Mama nicht zu mir nehmen kann, Schwesterherz. Schließlich bin ich ständig unterwegs, du dagegen nur zu Hause. Sie wird sich sicher zwischen deinen Kindern ziemlich wohl fühlen. Das macht dir doch keine Mühe, oder?"

Dagmar putzte noch schnell den Boden im Bad, was sie meist während ihrer Besuche bei Corinna tat.

„Ich hatte mir eigentlich gedacht, wir könnten uns doch beide – wo es ihr jetzt nicht so gut geht ..." ein unsicherer Blick trifft Corinna.

„... die Sache teilen? Ne, Dagmar, du bist daran gewöhnt, mit Mama umzugehen. Schließlich warst du sowieso immer mit ihr zusammen – und überhaupt ..." Sie sitzt jetzt auf dem Wannenrand, lackiert ihre Nägel.

„Dass du das so sagen kannst. Mama war oft ziemlich traurig darüber, Corinna, dass du sie so selten besucht hast", kommt es leise über Dagmars Lippen.

„Willst du mir das jetzt vorhalten? Meinst du, was ich tue, ist einfach? Ständig diese gesellschaftlichen Verpflichtungen, schließlich stellt Gerd ja etwas dar, da wird ihm das sicher nicht angenehm sein, wenn ich meine Mutter hüten muss. Das kannst du doch nicht von mir verlangen." Corinna pustet den Lack trocken, hält die Hand von sich ab und betrachtet ihr Werk.

„Vielleicht hast du ja Recht, aber ...". Die Stimme von Dagmar ist jetzt noch leiser, fast ohne Widerstand, nachdem sie Corinnas Waschbecken auch noch gesäubert hatte und nun das Putztuch abwesend zu einer Rolle dreht.

„Dagmar, nun komm`, kuck` nicht so leidend, sag` mir lieber, ob dir das blaue Kleid aus der Boutique gestern gefallen hatte, oder ob ich mich für das grüne entscheiden soll –

und mach` nicht länger so ein Gesicht. Es ist schließlich auch deine Mutter, da solltest du froh sein, mit ihr zusammen sein zu können. Mich nervt sie einfach nur. Deshalb bist du die bessere Lösung."

Jetzt beginnt sie, ihre Fußnägel zu lackieren, stellt dazu ein Bein auf den Rand der Wanne, auf der Dagmar mit ihrem Putztuch sitzt.

„Könntest du nicht wenigstens einmal im Monat ..."

„Dagmar, jetzt hör` endlich auf, es kommt für mich nicht in Frage, schon allein wegen Gerd. Sei nicht sauer, vielleicht gehen wir alle im Sommer zusammen mal in den Zoo, dann hast du auch was davon. So, und nun setz' uns einen Kaffee auf ..."

Übergänge

Ganz plötzlich wurde es dunkel. In der Ferne ein dumpfes Grollen. Sie schloss das Fenster. Die Luft im Raum war stickig von der Hitze des Tages. Die Dunkelheit sah in ihr Zimmer. Ein leichtes Frösteln überkam sie trotz der Hitze.

Dann ein greller Blitz. Sie erschrak. Danach ein bedrohliches Donnern – fast zur gleichen Zeit begann es zu regnen. Große Tropfen prasselten an die Scheiben, und ein Gefühl von Erleichterung überkam sie. *Blitze schlagen nicht ein, wenn es regnet*, wusste sie aus ihrer Kindheit.

Die nächsten Minuten waren vom Schauspiel des Gewitters erfüllt. Zuckende Blitze, grollender Donner – alles begleitet von kühlenden Regengüssen. Sie stand am Fenster dieses Schauspiel der Natur betrachtend. Für eine kleine Weile vergaß sie Zeit und Raum und begann zu träumen, Bilder ihrer Kindheit stiegen in ihr auf: Sie steht als kleines Mädchen mitten auf der Dorfstraße ihres Heimatortes, freut sich über den warmen Sommerregen, springt über Steine und badet ihre Füße in warmen Pfützen. Regentropfen rinnen aus ihrem Haar in ihr Gesicht. Sie sind warm, weich und streicheln ihre Wangen.

Doch so schnell wie dieser Wechsel von Sonnenschein und Hitze zu Gewitter und Regen gekommen war, verflog er, und ebenso ihr kleiner Traum. Es blitzte nicht mehr, das Grollen klang jetzt nur noch aus weiter Ferne, der Regen beendete sein Schauspiel mit leisem Trommeln an die Scheiben, fast wie eine kleine Melodie.

Sie öffnete das Fenster und atmete tief die frische, perlende Luft ein. Auf den Blättern der Bäume lagen Regentropfen wie kleine, glitzernde Edelsteine. Über der Wiese ein feiner Dunst, wie Nebel beim Sonnenaufgang.

Langsam, ganz langsam kamen die Sonnenstrahlen wieder hervor, um dann den Tag erneut in diese strahlende Helle zu tauchen, als wäre es nie anders gewesen ...

Der Zeitdompteur

Was hatten die da über ihn im Journal geschrieben? Er, ein großartiger Charakterdarsteller? Es schmeichelte ihm zwar, doch ebenso sehr erschreckte es ihn. War man das nicht erst ab einem gewissen Alter – ein Charakterdarsteller? War er schon so alt? Bilder ehrwürdiger Mimen zogen an seinem inneren Auge vorbei. Hatte man ihn dort eingereiht?

„ ...*lesen Sie weiter auf Seite 3* ...". Zaghaft und zugleich hektisch suchte er die dritte Seite. Ob sie ein Bild ... Ja, sie hatten ein Foto von ihm gebracht. Das sollte er sein? Der alte Mann? Er konnte die Nähe dieses Bildes nicht ertragen, ließ die Zeitung zu Boden gleiten und eilte aus dem Haus, ins Theater.

Im Foyer leises Raunen: „Da ist er – ein großartiger Schauspieler!"

„Fantastisch, wie er den alternden Schriftsteller gespielt hat, ein wunderbarer Darsteller!"

„Diese Leistung gelingt nur einem reifen Künstler!"

Er wollte das alles nicht hören! War er nicht vor noch gar nicht langer Zeit ein junger Schüler der Essener Schauspielschule gewesen? Der Schreck über das Zeitungsporträt hatte ihn erschaudern lassen. Er war ein alter Mann! Ja, er war ein alter Mann! Hastig lief er wieder nach Hause, wollte sein Spiegelbild analysieren, wollte die Wahrheit wissen ...

Alles war doch unverändert. Die gleichen Augen, das Haar noch schwarz gelockt, und wenn er sich bemühte, umspielte sogar das gleiche Lächeln wie eh und je seine Lippen. Erleichtert wollte er sich abwenden.

Doch plötzlich sah er sie direkt hinter sich im Spiegel mit schadenfrohem Grinsen – diese Fratze.

Er versuchte, sie durch Hin- und Herrutschen auf dem Stuhl aus dem Spiegelbild zu verdrängen, atmete tief ein, um mit breitem Brustkorb fast den ganzen Spiegel auszufüllen. Jetzt sah er diese Karikatur zu seiner Erleichterung fast gar nicht mehr! Was wollte sie? Ihn erinnern, dass seine Zeit weiterläuft? Unaufhörlich und ohne Pause? Mal wie Kies aus einem Betonmischer, schnell und gewaltsam. Mal wie Sand in einer Eieruhr langsam und lautlos.

Er wollte nichts davon wissen. Nichts darüber, dass die Zeit an keinem von uns spurlos vorbei läuft. Er drehte sich um, wollte aufstehen, diesem Zerrbild die Tür weisen. Doch niemand war da, niemand stand hinter ihm. Erneut sah er in den Spiegel, auch dort war er allein.

Erleichtert griff er wieder zur Zeitung, nahm allen Mut zusammen, wollte sich nun so sehen, wie ihn die anderen sahen. Langsam sog er das Bild in sich auf.

Eigentlich war es gar nicht so erschreckend, was ihm da entgegenblickte. Plötzlich erinnerte er sich an ein besonderes Foto des Vaters. Wie hatte er ihn damals verehrt, ihn, den großen Mimen, schon immer war er sein Vorbild. So wollte er irgendwann sein, so kraftvoll und überzeugend wie Vater. Das hatte er sich immer gewünscht!

Jedes Mal brach das Publikum nach dessen Vorstellung in tosenden Beifall aus, wenn er nach theatralischer Verbeugung und unzähligen Vorhängen die Bühne verließ. Sein Foto und das des Vaters verschmolzen jetzt ineinander. Ja, sie unterschieden sich nicht mehr – er hatte sein längst vergessenes Ziel bereits erreicht!

Eigentlich könnte er doch gar nicht so beeindruckend sein, mit Kinderaugen im runden Gesicht, wie er sich jahrelang gesehen hatte. Nun blickte er noch einmal genauer in sein Spiegelbild.

Es gab sie tatsächlich nicht mehr, die Kinderaugen und das runde Gesicht – nur noch in seiner Fantasie, er hatte beides schon lange verloren, als Preis für seinen Traum! Einer hat es ihm gesagt – vorhin im Spiegel.

Als er begriff, hat sie ihn verlassen, die Fratze, die ihn so erschreckte. Er schloss die Augen, hörte ihn noch einmal, diesen Applaus, die Stimmen: „großartig!" – „gelungen" – „der Durchbruch!" – „Gratulation!" und ein Gefühl von

Stolz überkam ihn. Ja, jetzt war er so wie Vater – endlich.

Er warf sich in seinen schwarzen Mantel, schwang den weißen Seidenschal um den Hals, zog den breitkrempigen Hut leicht verwegen tiefer in die Stirn und verließ schwungvollen Schrittes das Haus, wollte seine triumphale Feier nicht versäumen. Die Feier für einen großartigen, charismatischen Charakterdarsteller . . .

Fremde Frau

Morgen habe ich Zeit - kommst du dann so gegen 15 Uhr zu mir?" fragte ich sie in der Straßenbahn. Noch zwei Stationen, dann musste ich aussteigen.

„Ja, gern, doch – äh, sag` mal, wohnst du eigentlich, in der Sommer- oder Schmalstraße?" Meinte sie das jetzt ernst? Vielleicht wollte sie sich lustig machen?

„Elke, sehr witzig, seit Jahren besuchen wir uns – na logisch, in der Sommerstraße!"

„Weiß` ich doch, war bloß Spaß. Ich wollte dich übrigens neulich anrufen vom Handy auf dein Festnetz mit Vorwahl – die kannten sie da nicht – die Vorwahl. Hannover hat doch 01512 oder?" Wieso fing sie schon wieder damit an? Wusste sie am Ende nicht mehr, welche Vorwahl die Stadt hat, in der sie selbst auch seit Jahren wohnt?

„Oh, ich muss aussteigen, also, dann bis morgen!" rief ich irritiert aus und beeilte mich, wir winkten uns noch zu.

Elke kam pünktlich am nächsten Tag um 15 Uhr und brachte Kuchen mit. Wir kochten den Kaffee zusammen in der Küche, und ich holte ein Schälchen Sahne aus dem Kühlschrank.

Später saßen wir im Wohnzimmer zusammen und lachten bei einem Glas Wein über alte Fotos, bis Elke meinte:

„Du, ich muss nächste Woche zur Untersuchung ins Südstadt-Krankenhaus oder wie das heißt – es ist immer noch die alte Rückengeschichte. Weißt du eigentlich, wo das ist?" Jetzt wurde mir die Sache unheimlich.

„Elke, ich habe dich dort vor einigen Wochen schon mal besucht, als du zur Beobachtung wegen deiner Beschwerden dort warst!"

„Wegen der Rückenbeschwerden? Das kann nicht sein, das würde ich ja wohl wissen, oder?"

Ich lächelte sie an:

„Ne, das warst du dann wohl doch nicht, ich glaube, es war Renate, hatte ich jetzt verwechselt."

Eine barmherzige Lüge für die mir jetzt fast fremde Frau.
Sie sah mich triumphierend an und lachte:

„Ja, ja Britta, mit Hildesheimer fängt es an!" . . .

Frühling und Krieg

Wieder stehe ich auf dem Balkon. Doch diesmal nicht, um nach den Minus-Graden auf dem Thermometer zu sehen.

Diesmal atme ich diesen eigenartigen Geruch von Frühling ganz tief ein. Nach grauen Monaten noch ganz fremd und doch so vertraut. Ich muss niesen, die Sonne kitzelt meine Nase.

Fast kann ich es nicht glauben, dass nur einige Stunden Flugzeit Bomben fallen, Menschen um ihr Leben kämpfen und große Reden über die Notwendigkeit des Krieges geschwungen werden, bei dem es doch eigentlich nur um das Eine geht: Macht und Profit. Mir wird ein wenig kalt.

Plötzlich schleicht sich in meine Gedanken zaghaftes Vogelgezwitscher. Ich werde den Balkon bepflanzen, denke ich eifrig und versuche, das beklemmende Gefühl zu verdrängen. Nachdenklich gehe ich in die Küche zurück und notiere auf meinem Einkaufszettel: Zwanzig Stiefmütterchen . . .

Graffiti

Vor einigen Wochen wurde dem Eckhaus unserer Straße ein neuer Anstrich verpasst. Helles Gelb, das schon von weitem leuchtet, als ginge die Sonne nur über ihm allein auf.

Nun hat es einen kleinen Dämpfer bekommen, dieses prunkvolle, auffällige Haus, und zwar in Form eines Graffitis.

Ich bleibe stehen. Nachtschwarz ragen bizarre Kreuze in Richtung der Dachschräge. Rot eingefasst, von weißen Streifen unterbrochen. Kleine und große, manche drohen zu kippen, andere liegen bereits auf der Seite. Sie starren bedrohlich herab. Mir wird ein bisschen kalt.

Gerade will ich weitergehen, da entdecke ich ganz oben in der rechten Ecke ein Efeublatt in hellem Grün, vermutlich auch vom Künstler „gesprayt". Wollte er damit seinen Gruselbildern den Schrecken nehmen?

Langsam beginnt es zu regnen. Doch die Kreuze halten ihm stand, im Gegenteil, sie wirken noch markanter, das Schwarz wird zum Dunkelschwarz. Ich hole den Schirm aus der Tasche, mache meine Einkäufe.

Auf dem Rückweg wandert mein Blick automatisch wieder die Häuserwand hoch. Was ist mit dem Efeublatt? Der Regen hat es fast aufgelöst, Tropfen von verwaschenem Grün rinnen an der Wand herunter. Fühlte es sich nicht mehr länger dort wohl in dieser dunklen Gesellschaft und wollte die Flucht ergreifen? . . .

Müll

Es regnet. Neben dem verwitterten Mietshaus mit düsteren Fenstern, an denen nur vereinzelt Gardinen hängen, flattert am Ast der nadellosen Tanne ein Seidentuch wie mit dem Versuch beschäftigt aus dem riesige Müllberg – gestapelt aus Plastiktüten, einem verrosteten Elektroherd, zerschlissenen Teppichen und zahllosen anderen nutzlosen Dingen, die niemand mehr braucht – die Flucht zu ergreifen. Wie lange mag es sich da wohl schon wie im Tanz vergebens schaukeln?

Sogar ein alter Kupferstich lehnt müde an der Hauswand und ein Stapel Briefe, gefangen in einem Gummiband, geben verschämt den Empfänger kund. „Marianne Meier, Konstanz", kann man mit einiger Mühe erkennen.

Angerissene Tapetenrollen versuchen mit aller Macht, sich nicht zu öffnen. Doch eine von ihnen hat bereits verloren, schmierige Fußtritte berichten von Besuchern an diesem ungastlichen Ort.

Eine Dose mit der Aufschrift *Makrelenfilet in Öl* lockt eine neugierige Ratte an. Nach prüfendem Blick beschließt sie, wieder unter dem alten Regenmantel zu verschwinden. Vielleicht bevorzugt sie eher *Makrelenfilet im eigenen Saft?*

Das invalide Fahrrad gibt ein leises Klappern von sich. Bewegt vom Wind – vielleicht sein Versuch, sich auch davon zu schleichen? Aber wie? Ganz ohne Felgen?

Auch das regennasse Kleid der Stoffpuppe versucht vergeblich den Tanz im Wind zu wagen. Sie selbst hat die Augen geschlossen, kann vermutlich den Anblick des Müllbergs nicht aushalten. In der Ferne das Scheppern des Abfallwagens – endlich von neugierigen Blicken befreit, nehmen alle die letzte Fahrt gerne an. Was bleibt? Platz für den nächsten langsam wachsenden Unrat . . .

Aufgeregt!

Sein langes, strähniges Haar flatterte ihm bei jeder Bewegung um den Kopf – und er bewegte sich ziemlich viel. In kurzen Abständen strich er mit den Händen an seinen Hosennähten entlang, wie um den Schweiß abzuwischen. Das Zucken um seine Nase machte sein Gegenüber etwas nervös.

Selbst seiner Stimme merkte man die Aufregung an. Sie überschlug sich fast, klang zeitweise heiser und war nicht mehr die Stimme, die in ihrer Wärme so gefallen hatte. Sein Atem presste sich zwischen seinen Lippen hindurch und verursachte ein leichtes Pfeifen. Dann begann er nach einem tiefen Atemzug das zu sagen, was ihm seit Jahren auf der Seele wie Feuer brannte:

„Sie hat mich betrogen, mein Freund, jetzt lacht die ganze Firma über mich. Jahr für Jahr und ich habe getan, als merkte ich es nicht. Wie konnte ich nur so dämlich gewesen sein! Und jetzt? Ausgerechnet mein Chef, ja er ist der Glückliche. Und ich tat so, als wüsste ich es nicht!

Da habe ich mir doch glatt jahrelang vorgemacht, aufgrund meiner tollen Leistungen ständig bei Gehaltserhöhungen fürstlich bedacht zu sein, was der da wohl bedacht hat? Und ich erzählte ihr noch strahlend von meinen Erfolgen! Möchte nicht wissen, wie die Beiden über mich gelacht haben, ich Obertrottel!!"

Er sprang auf, nahm mit einem Ruck einen Küchenstuhl in beide Hände, rannte damit zum offenen Fenster und warf ihn mit Schwung in den Garten, wo er scheppernd auf der Terrasse landete! Ein zweiter Stuhl flog gleich hinterher, das Geschirr auf dem Tisch, nebst Marmeladentopf, landete klirrend auf den Küchenfliesen, ein Bild flog in hohem Bogen gegen den Kühlschrank, die Nudeln für das warme Abendessen verteilten sich auf dem Boden!

Nun wandte er sich schnaufend seinem staunenden Gegenüber zu, wischte sich dabei den Schweiß von der Stirn und hörte die tröstlichen Worte:

„Und jetzt? Geht`s dir besser, mein Freund? Dann hast du genau das Richtige getan!" …

Während...

er tobte, weil sie ihm schon wieder die Salami mehrfach aufs Arbeitsbrot gelegt hatte, die er wegen ihrer Fettstückchen überhaupt nicht mag, mahnte die Obrigkeit das Volk, den ach so berühmten Gürtel enger zu schnallen ...

... sie das Radio anstellte, Herbert den Prospekt über Luxusautos las und sein Lieblings-Modell ankreuzte, ihr ein wenig ängstlich beim Gedanken an den Preis wurde, tönte plötzlich der Nachrichtensprecher in ihre Grübelei: „ ... der Haushalt sieht nächstes Jahr Ausgaben in Milliardenhöhe und eine Neuverschuldung von noch nicht ganz absehbarer Größenordnung vor ...". Sie wendete sich dem Spiegel zu und zog sich die Lippen nach ...

... Amerikas Präsident auf das Truthahnessen zum *Thanksgiving-Day* im Kreise seiner Familie in Texas verzichtete, um stattdessen seinen Soldaten im Irak Mut zuzusprechen, schrieb Franzi den Einkaufszettel, zählte ihr letztes Geld, strich den Camembert wieder und beobachtete die tobenden Kinder auf dem Hof ...

... die Bundesagrarministerin mehr Platz für Legehennen forderte und die herkömmliche Käfighaltung bereits verboten hatte, meldete sich Helga für eine Botox-Behandung beim Schönheits-Chirurgen an ...

... der Beifall auf sich warten ließ, Eier auf die Bühne flogen und die Rockband fluchtartig vor der grölenden Menge die Musikhalle verließ, schob Schwester Beate Herrn Schneider im Rollstuhl in den Speisesaal ...

Weihnachtstraum

Der Himmel umfasst weich die Tupfen der Silberwölkchen in seiner Mitte und hüllt sie in hellblaue Watte. Doch die Sonne schickt keinen Strahl auf das unheimlich dunkle Schloss mit diesem erhellten Fenster unter ihr. Was könnte sich dahinter verbergen? Ihr ist kalt.

Neugierig nähert sie sich dem Eingang. Leise, glockenreine Musik dringt nach draußen. Ihre Schritte werden zögernder, plötzlich hält sie inne. Das Knarren der sich langsam öffnenden Tür stoppt ihren Schritt.

Da sieht sie auch schon diese merkwürdig gebeugte Gestalt, eingehüllt in eine schwarze Kutte, nur die Augen blitzen prüfend und leuchten in der Dunkelheit. Sie weiß nicht, ob sie sich ängstigen soll.

„Was tust du hier, warum bist du nicht zu Hause und triffst deine Vorbereitungen für den Heiligen Abend wie alle anderen?" fragt die Gestalt mit warmer Stimme.

„Ich weiß es nicht, es ist überall so dunkel und es macht mich ängstlich. Ist denn schon Weihnachten?"

„Weihnachten ist dann, wenn du dich nicht mehr vor der Dunkelheit fürchtest und tausend Lichter die Heilige Nacht begrüßen. Wenn du willst, helfe ich dir bei der Suche nach dem Licht."

Sie zögerte mit ihrer Antwort, verstand nicht so ganz, was er meinte, als er plötzlich seinen Arm um sie legte, sie an sich zog und mit ihr auf einem dunkelblauen Rauchschweif, der sich plötzlich zu ihren Füßen wie ein Chiffonschal ausgebreitet hatte, hinauf flog.

Hinauf zu den weichen Silberwölkchen. Sie flogen einfach so, und ihr wurde immer leichter. Plötzlich schwebte seine schwarze Kutte wie in Zeitlupe an ihr vorbei, zurück zu diesem dunklen Schloss. Er sah sie an.

„Das war die Nacht und wir werden mit dem Licht zurückkommen, tausend Kerzen werden brennen, du wirst keine Angst mehr haben und dein schönstes Weihnachtslied singen."

Sie schloss voller Vertrauen die Augen und ließ sich einfach fallen, tiefer und immer tiefer, bis – ja bis sie sanft auf ihrem Kopfkissen landete, die Augen wieder öffnete, lächelte und sich jetzt richtig auf Weihnachten freute ...

Herbst

Blätter zu meinen Füßen,
braun von Hitze und Regen,
von Kälte und Schmutz.

Blätter zu meinen Füßen,
lang` nicht mehr golden und licht,
nicht saftig und grün.

Blätter zu meinen Füßen
haben vieles nur kurz geseh`n,
was beglückt und erschreckt.

Blätter zu meinen Füßen,
von Winden ganz sanft gewiegt,
geschaukelt so lind.

Blätter zu meinen Füßen,
von Bäumen, die sie beschützen,
bald schon vergessen.

Blätter zu meinen Füßen
Hoffnung auf Sommer und Licht
doch die erfüllt sich für sie nicht . . .

* * *